TU SERAS MON ÉPOUSE

A Aminata Fall,
la Sénégalaise que j'ai tant aimée.

B. Williams

TU SERAS MON ÉPOUSE

Adoras

DANS LA MÊME COLLECTION

- Sugar Daddy
- Cœurs piégés
- Cache-cache d'amour
- Symphonie et lumière
- Un bonheur inattendu
- Parfums d'Assinie
- Chorégraphie d'amour
- Cœurs rebelles
- Les chants de la lagune
- Ce regard de feu
- Aurore
- Folie d'une nuit
- Quand la cascade entraîne les cœurs

01 B.P. 1818 Abidjan 01
ISBN : 2-84487-012-0

1

Soudain, son cœur se mit à battre la chamade. Le journal tomba de ses mains. Il venait d'entendre “Bine-Bine” de la chanteuse Coumba Gawlo. L'avion amorçait sa descente sur Dakar après deux heures trente de vol depuis Abidjan. Enfin, il voyait Dakar. Depuis des années, il y pensait souvent. Cette ville représentait beaucoup pour lui à cause de son importance historique pour un Africain de l'Ouest comme lui et pourquoi ne pas l'avouer, à cause des femmes sénégalaises réputées être les plus charmantes et les plus douces d'Afrique. Il en avait connu deux ou trois à Abidjan qui furent ses maîtresses. Mais il voulait connaître la Sénégalaise dans son milieu authentique.

Et pourtant il ne venait pas à Dakar pour des raisons historiques ou pour rencontrer des femmes. Il venait participer à un colloque sur le thème : “La pauvreté en Afrique, comment y remédier ?.” Depuis quatre ans, il était le P.D.G de la Banque

Africaine de Solidarité. Actionnaire principal, il réussit en deux ans à doubler le chiffre d'affaires et à tripler les bénéfices. Sa banque employait une vingtaine de collaborateurs. Seul le Directeur Général était étranger. Il était norvégien. Ils se connaissaient très bien car ils avaient été condisciples dans une prestigieuse école supérieure bancaire de Genève. Ils firent leur stage dans la même institution bancaire. Leurs pères respectifs étaient tous deux ambassadeurs. Celui de son ami avait été en poste dans plusieurs pays d'Europe et d'Asie alors que le sien était resté plus de dix-huit ans en Amérique latine. Aujourd'hui, il prenait une retraite méritée dans une grande maison à la Riviera. Sa mère, qui avait abandonné sa carrière d'ingénieur des télécommunications pour suivre son mari, occupait une grande partie de son temps dans les activités caritatives de sa paroisse. Ses parents avaient eu deux enfants ; sa sœur et lui. Mariée à un allemand, sa grande sœur Christine vivait à Bonn. Mère de trois enfants elle rencontrait son frère deux fois par an, au pays ou en Allemagne.

Alors que le policier sénégalais contrôlait son passeport, il pensait à son âge. Il y a trois jours à peine qu'il avait fêté ses trente-sept ans. C'était le 26 Octobre précisément. Il venait de remplir les formalités de police, quand son regard fut attiré par une superbe jeune fille. Souriante, elle attendait, brandissant une pancarte portant un nom : Justin Gnala. Immédiatement, il se dirigea vers elle.

– Madame, je suis monsieur Justin Gnala.

– Enchantée, monsieur Gnala. Je suis mademoiselle Fatou Niang. Je fais partie des hôtesses qui doivent accueillir les participants au colloque. Quand vous aurez récupéré vos bagages, je vous conduirai à l'hôtel retenu, à bord de la voiture mise à votre disposition par le gouvernement sénégalais. Comment va Abidjan ? Avez-vous fait un bon voyage ?

– Elle demeure toujours la perle des lagunes. Connaissez-vous Abidjan ?

– Pas du tout mais j'aimerais bien m'y rendre.

– Mademoiselle Niang, Abidjan est pourtant à moins de trois heures de vol de Dakar !

– La pauvreté !

– Pas toujours la pauvreté. Moi je viens pour la première fois à Dakar.

– Je souhaite que vous vous plaisiez chez nous malgré la brièveté de votre séjour.

– Dix jours à Dakar c'est un peu trop pour un homme qui a des responsabilités aussi prenantes que moi à Abidjan.

– Monsieur Gnala, vous verrez que dix jours à Dakar passeront aussi vite que trois jours ailleurs. Dakar sait captiver ses visiteurs.

– Mademoiselle Niang, vous souriez beaucoup. C'est pour me faire plaisir en tant qu'invité ou c'est votre nature ?

– A Dakar, toutes les femmes ont le sourire aux lèvres. J'espère que cela est la même chose à Abidjan.

– Les femmes ivoiriennes !

Gnala venait de repérer sa valise. Le porteur la souleva et la déposa sur son chariot. Tous se dirigèrent vers la douane. Gnala remarqua la démarche de son hôtesse. Elle était pleine de sensualité. Elle parla en ouolof quelques secondes avec un gros et grand douanier. On n'ouvrit pas sa valise.

Une Xantia avait été mise à sa disposition. La jeune hôtesse, toujours souriante, s'installa près du chauffeur.

– Monsieur Gnala, nous prendrons la corniche pour arriver rapidement à votre hôtel.

– Il s'agit bien du Téranga.

– Bien sûr ! Tous les participants au

colloque sont hébergés au Téranga. C'est l'un de nos meilleurs hôtels. Tout comme l'Hôtel Ivoire à Abidjan.

– Vous connaissez l'Ivoire ?

– Non, seulement de réputation et par des photos. J'ai des cousines à Abidjan qui m'ont souvent envoyé des cartes postales de ce célèbre hôtel.

– Vous devez beaucoup aimer Abidjan.

– Quel Africain n'aime pas Abidjan ? J'ai même déjà mangé de l'attiéké et de l'alloco. On m'a raconté que les fruits n'étaient pas chers là-bas. Je pense, par exemple, à l'avocat.

– Chauffeur, veuillez augmenter le son de votre poste radio.

La radio diffusait un tube de “Saint-Louis,” la dernière cassette de Youssou N'Dour et le Super Etoile. Il s'agissait de “Thiapatholi.”

– Monsieur Gnala, connaissez-vous notre star Youssou ?

– C'est mon artiste préféré.

– Ce n'est pas possible !

Elle s'adressa au chauffeur en ouolof et se retourna vers Justin.

– Je disais à Malick que Youssou est vraiment connu. Dans moins de cinq minutes nous passerons devant son dancing.

– Le Thiossane !

– Ce n'est pas vrai ! Vous connaissez déjà Dakar !

– C'est ma première visite. Mais je m'informe. Je lis beaucoup.

–Youssou est en ce moment au Mexique. Il ne jouera donc pas ce soir comme souvent les vendredis quand il est à Dakar. Et voici le fameux Thiossane, sa boîte de nuit. De l'extérieur elle n'est pas extraordinaire. Mais l'intérieur est superbement décoré et donne envie de mieux découvrir l'art sénégalais.

La voiture se trouvait maintenant dans un embouteillage.

– Nous sommes aux environs du marché de Sandaga.

Il regardait maintenant les fameuses Sénégalaises. Impossible de faire un choix. Il les trouvait toutes belles et charmantes. Jeunes filles ou femmes, elles avaient l'art de séduire en marchant en robe, en jupe, en pantalon ou en boubou. Il n'y avait pas autant de femmes vêtues de pagnes qu'à Abidjan. Plus on s'approchait du marché, plus les femmes devenaient nombreuses. Et leur sourire s'affichait perpétuellement. Une grande envie le prenait de descendre pour se plonger dans cette atmosphère mais, il devait jouer au Monsieur respectable jusqu'à l'hôtel.

– Voici la place de l'Indépendance, précisa la jeune fille.

– L'indépendance a-t-elle encore un sens pour nous ? se demanda le chauffeur.

Et nous voilà au Téranga. Fatou Niang accompagna Gnala jusqu'à sa chambre. Pour dix jours il serait au numéro 235 du deuxième étage.

– Monsieur Gnala, je vais prendre congé de vous jusqu'à demain matin. Le chauffeur restera à votre disposition jusqu'au matin si vous le désirez.

– Non, je n'aurai pas besoin de lui avant demain. Je vous remercie tous les deux pour votre accueil. Prenez cette enveloppe pour vous et donnez-lui une petite part de son contenu.

– Je vous remercie.

– C'est moi qui vous remercie. A demain.

Enfin seul. Il était maintenant dix-sept heures trente, ce vendredi-là. Justin prit rapidement un bain et se retrouva dans les rues de Dakar. Il était émerveillé par l'enthousiasme des hommes et la jovialité des femmes. Lui qui aimait les grands boubous, il lui semblait voir un défilé de mode. Il appréciait aussi les nombreux bracelets aux bras des femmes. Il était subjugué par les manières polies, douces et poétiques des femmes. C'est vrai que dix jours à Dakar allaient passer très rapidement. Il se dirigea vers le marché. Les petits vendeurs ambulants sortaient de partout et lui proposaient des marchandises à des prix exorbitants qui en quelques minutes retombaient très bas. Au marché, Justin s'approcha des vendeurs de cassettes audio. Il fut très étonné de voir le nombre impressionnant d'artistes sénégalais. Mais partout on entendait Youssou N'Dour, l'enfant chéri du Sénégal. A Abidjan, il avait déjà toutes ses cassettes. Il en profita pour acheter celles d'artistes inconnus.

Une jeune dame d'une beauté captivante attira son attention. Il la suivit. Elle marchait comme une reine dans son boubou léger qui laissait entrevoir son soutien-gorge.

– Bonjour madame.

– Bonjour monsieur, lui répondit-elle avec le sourire, un cure-dent dans la bouche.

– J'aimerais faire votre connaissance.

– Pas de problème. Je suis madame Diop Ouleymatou. Vous êtes sans doute ivoirien. Mon mari a travaillé longtemps en Côte d'Ivoire. Il sera heureux de faire votre connaissance.

– Vous êtes très gentille.

– Ici, toutes les femmes sont ainsi. C'est l'une des richesses du Sénégal. Où habitez-vous à Dakar ?

– Je suis au Téranga. Je suis venu pour un colloque. Je repars pour Abidjan dans dix jours. Je pense qu'on pourra se voir avant mon départ.

– Je l'aurais bien voulu. Malheureusement je pars demain à Diourbel, pour vingt jours. Ma mère, malade, me réclame.

– Je vous donne ma carte. On ne sait jamais.

Elle prit connaissance de la carte.

– Vous êtes P.D.G d'une banque. Félicitations.

– Félicitations pour votre beauté. J'espère qu'on se reverra.

– Inch Allah ! monsieur Gnala.

Elle aurait pu devenir son épouse. Il y avait moins de trois heures qu'il se trouvait à Dakar et déjà il avait vu au moins dix femmes dans le même cas. Célibataire sans enfant, il n'avait pas encore trouvé la femme qui pouvait enchanter son âme malgré de nombreuses aventures. Il se décourageait rapidement de certaines attitudes féminines. Et pire, il ne sentait aucune femme digne d'être son épouse. Et voilà qu'à Dakar il rencontrait toutes les dix minutes une probable Madame Gnala. Le Sénégal était en train de le conquérir. Sa passion pour les chansons de Youssou N'Dour n'était-elle pas prémonitoire ?

Il se sentait fatigué. Il prit le chemin du retour après une escale dans une librairie. Il acheta plusieurs journaux et livres à Clairafrique.

A l'hôtel, Justin Gnala se rendit au restaurant pour dîner. Il demanda un tchep.

– On ne fait pas de tchep le soir, monsieur.

– Pourquoi ? demanda-t-il au maître d'hôtel.

– Au Sénégal, le tchep ne se mange qu'à midi. Je peux vous proposer le mafé, la sauce arachide.

– C'est un peu lourd. Servez-moi quelque chose de très léger.

– Je peux vous proposer des haricots verts avec des rognons.

– Très bien.

Tous les journaux sénégalais annonçaient pour le lendemain, samedi, la finale explosive du concours Miss Jongoma. C'était la première fois qu'il entendait parler de ce concours. D'après les journaux, c'était un concours organisé chaque année au Sénégal pour désigner la plus belle femme selon des critères africains. La Jongoma doit avoir plus de vingt-cinq ans. Selon les rédacteurs des articles, ce concours est plus passionnant pour les Sénégalais que le concours de Miss Sénégal destiné aux jeunes filles avec des critères occidentaux. Tous les journaux retraçaient le concours du début jusqu'à la fin. Chaque candidate finaliste était présentée. Cette nuit-là, il n'arrivait pas à dormir. Justin était impatient d'assister à cette finale. Encore qu'il n'avait pas apprécié sa réservation pour le vendredi au lieu du dimanche. Le colloque s'ouvrait le lundi matin. Son intention était d'arriver dimanche matin à Dakar. Il savait depuis longtemps que le hasard n'existe pas...

2

Justin Gnala se leva très tôt ce matin-là. Il tira les rideaux de sa chambre pour regarder la place de l'Indépendance. Il était cinq heures du matin, la place était déserte. Il resta près de quarante minutes devant la fenêtre, pensant aux femmes sénégalaises.

Il se rappelait minute par minute tous les moments qu'il avait vécus depuis son arrivée à Dakar. Il sentait encore dans ses narines le parfum des femmes sénégalaises. Son désir s'éveillait. La première femme qu'il vit traverser la place de l'Indépendance était une vieille marchande qui se rendait au marché Kermel. A six heures du matin, l'animation de la ville commença avec le bruit des autobus, des taxis et d'autres automobiles. Une Sénégalaise de grande taille, vêtue d'un jean et d'un pull-over, traversait la place à vive allure. Et pourtant, il semblait la désirer même s'il ne l'avait vue que de dos. Mais quel dos ! Il savait aussi que le désir n'était pas l'amour, de même qu'une bonne pratique religieuse n'était pas la foi.

Il regagna son lit et dormit plus profondément. C'est un coup de téléphone qui le réveilla.

– Quelle heure est-il ?

– Neuf heures trente.

– Ce n'est pas possible ! S'exclama Gnala. Je descends dans une trentaine de minutes.

C'était Fatou Niang, l'hôtesse, qui venait de le réveiller. Quand il descendit, il vit la réception du Téranga envahie par la foule.

– Ce sont les Américains, lui dit la jeune fille. Ils viennent souvent à Dakar pour visiter Gorée. Depuis que le Président des États-Unis a visité l'île, les Américains viennent de plus en plus nombreux à Dakar pour le tourisme.

– Qu'avons-nous au programme ce matin ? questionna monsieur Gnala.

– Aujourd'hui et demain, vous avez quartier libre. C'est à vous de nous proposer un programme et nous nous ferons un plaisir de vous accompagner. Le chauffeur attend dans la voiture.

– Mademoiselle Niang, vous êtes merveilleuse.

– Merci monsieur Gnala pour ce compliment.

– Vous allez me faire aimer Dakar.

– C'est mon souhait le plus ardent.

– Mais ce matin, je souhaiterais visiter l'île de Gorée.

– Alors dans ce cas, allons-y tout de suite. La chaloupe doit quitter le port dans quinze minutes.

La chaloupe était bondée et s'apprêtait à lever l'ancre quand Gnala et Fatou Niang y montèrent. Le chauffeur resta sur le quai.

– Nous avons eu beaucoup de chance, dit Fatou. La chaloupe démarre au moment même où nous finissons de nous installer.

– Moi, j'ai toujours eu de la chance dans la vie. Je ne sais pas comment je peux l'expliquer. J'arrive toujours à l'heure.

– Au Sénégal, on dirait que vous êtes né sous une bonne étoile ou que votre mère a pris soin de vous laver avec les feuilles d'un arbre qui porte bonheur.

– J'aimerais bien connaître votre mère.

– Mais pourquoi ?

– Cela vient de me venir en tête.

– Vous êtes bien curieux monsieur Gnala.

– Cela ne vous ferait-il pas plaisir que je rencontre votre mère ?

– Énormément.

– J'aime l'eau. On m'a dit que mon génie s'y trouvait, dit Gnala.

– Je voudrais bien vous voir dans l'eau, nageant comme un poisson.

– Patience. Vous ne tarderez pas à me voir nager. Étudiant j'ai été pendant plusieurs saisons successives, champion universitaire.

– Vous auriez pu continuer comme professionnel et gagner beaucoup d'argent.

– Pas en Afrique en tout cas. Si j'étais américain ! « Si j'étais américain » est une de mes phrases préférées. Les États-Unis d'Amérique sont la référence dans de multiples domaines. Mais l'Afrique est mon cauchemar !

– Vous auriez aimé faire partie de ce groupe d'Américains assis en face de nous ?

– Ils n'ont pas l'air de faire partie des Américains qui ont réussi. Moi, j'aurais été un riche Américain ! Regardez comme ils nous observent tous. En plus avec le sourire, comme s'ils comprenaient ce que nous disons !

Les deux amis se mirent à rire. La chaloupe atteignit l'île de Gorée. Descendus à terre, ils bénéficièrent des services d'un jeune ouolof pendant la visite de l'île. Il leur montra sa carte syndicale. Ils acceptèrent avec gaieté de se faire conduire par lui.

Fatou Niang portait un tailleur bleu. Ses longues tresses descendaient au milieu de son dos. Gnala eut peur pour ses belles chaussures rouges quand il regarda le sol couvert de sable et de cailloux. En attendant l'ouverture de la maison des esclaves, ils commencèrent par le musée de la Femme. Gnala constata avec émerveillement que la Sénégalaise depuis de longues années était passionnée par l'élégance et la séduction.

Quand ils pénétrèrent dans la maison des esclaves située en face du musée de la Femme, Gnala n'éprouva aucune émotion comme la plupart des Européens et Américains présents. Joseph N'Diaye, le célèbre conservateur de la maison des esclaves présenta les lieux en vingt minutes. Il raconta l'histoire des esclaves, de leur arrivée jusqu'à leur départ sans retour pour les Amériques. Il parlait avec passion, mais laissa Gnala indifférent. Cela ne l'empêcha pas néanmoins, de prendre une photo avec lui.

Le guide promit de les conduire à l'église de Gorée. Fatou Niang s'étonna du mutisme de Gnala durant le parcours.

– Je pense qu'on en fait un peu trop à propos de ce problème d'esclavage, dit-il. J'aurais préféré qu'on se tourne vers l'avenir plutôt que de nous parler sans cesse de nos ancêtres qui ont été vendus aux États-Unis d'Amérique.

– Vous êtes comme mon père. Il est même encore plus cynique. Il pense que sans l'esclavage, l'Afrique aurait eu encore plus de problèmes à cause de sa forte population. Pour lui, l'esclavage a permis à tous les Noirs de réussir mieux que ceux qui sont restés ici.

– Je n'irai pas aussi loin que lui, déclara Gnala.

– Vous qui avez toujours de la chance, si vous viviez à l'époque des esclaves, dans quel camp vous situeriez-vous ?

– Dans le camp des maîtres ou des roitelets qui vendaient leurs sujets ou les prisonniers de guerre.

– Et si c'était à choisir ?

– J'avoue que j'aurais préféré être parmi les maîtres.

– Et pour quelles raisons ?

– A cause des belles jeunes filles noires aux seins pointus qu'on leur amenait chaque nuit.

– Vous m'étonnez !

– Qu'est-ce qui vous étonne ?

Ils pénétrèrent dans l'église. Gnala prit grand plaisir à admirer cette vieille église qui servit jadis aux négriers qui venaient sans remords louer Dieu. En y pensant, il détesta l'église. Ils montèrent sur la colline pour voir le canon des Portugais où ils prirent des photos. Sur l'une d'elles, Gnala tenait Fatou par la taille, comme s'ils étaient des amoureux. La jeune fille trembla d'émotion. Gnala sentit son cœur battre plus fort. Il la regarda, enfin, comme une femme, une vraie femme. Ses bras n'avaient-ils pas touché ses seins ? Ses sens avaient été véritablement réveillés. Il chercha néanmoins à dissimuler son trouble.

Gnala regarda avec intérêt, l'école William Ponty de Gorée qui avait formé de nombreux instituteurs pour l'Afrique francophone coloniale. C'est avec une très grande émotion qu'il toucha les murs de la fameuse école de médecine qui eut pour pensionnaire Félix Houphouët-Boigny, qu'il considérait comme l'un des plus grands hommes politiques de ce siècle.

En attendant que la chaloupe revienne de Dakar, ils s'installèrent dans l'un des nombreux restaurants de Gorée, face au débarcadère. Pour ne pas être en retard, ils commandèrent le menu du jour.

3

De retour à Dakar, Justin Gnala proposa à la jeune fille une visite rapide au marché.

– Je suis à votre disposition monsieur Gnala. D'ailleurs, voici le chauffeur Badara Dieng qui vient vers nous.

Quand ils se retrouvèrent dans la voiture, la radio diffusait une belle chanson sénégalaise.

– Qui est cette chanteuse ? Il me faut absolument sa cassette.

– C'est Coumba Gawlo ! affirma Badara.

– Coumba Gawlo, elle chante aussi en malinké ? s'étonna Justin Gnala.

– Ce morceau intitulé "Miniyamba" fait partie de sa cassette "Deweneti." Et même la célèbre guinéenne, Djanka Diabaté, fait partie des chœurs, précisa Fatou Niang.

Au marché Sandaga, ils ne trouvèrent la cassette nulle part. Les vendeurs promirent de l'avoir le lendemain. Certains conseillèrent de se rendre au marché des H.L.M. Ils s'y rendirent aussitôt.

Ce marché plut énormément à Justin Gnala. Il était beaucoup plus petit que celui de Sandaga, mais plus coloré et plus féminin grâce à l'abondance des produits destinés aux femmes. Fatou Niang s'étonnait de la curiosité de l'Ivoirien pour les perles et surtout les petits pagnes. Ils trouvèrent très rapidement la cassette désirée.

– Que vous faut-il encore monsieur Gnala ?

– Je veux acheter des chaussures.

– Ici, on vend très peu de chaussures pour hommes.

– Qui vous dit que je veux acheter des chaussures masculines ?

– Excusez-moi, monsieur Gnala.

Il lui prit le bras et tous deux se dirigèrent vers le premier magasin de chaussures.

– Choisissez trois paires.

– Je ne vous comprends pas, monsieur Gnala.

–Faut-il vous faire un dessin pour comprendre ma chère Sénégalaise ? Je vous offre trois paires de chaussures.

– Et pourquoi ?

– Pour plusieurs raisons, mais la plus importante réside dans le fait que je veux vous faire plaisir, et que vous porterez l'une de ces paires pour m'accompagner cette nuit au Méridien Président.

– Pourquoi au Méridien Président ?

– Vous n'êtes pas Sénégalaise ?

– Je le suis de père et de mère.

– Alors, vous devriez savoir que ce soir on doit choisir la Jongoma de l'année.

– Ah ! c'est vrai. Mais ce concours ne m'a jamais intéressée. C'est pour les femmes d'un certain âge. J'ai toujours porté mon choix sur les spectacles de Miss Sénégal.

Le vendeur s'impatientait devant ce dialogue. Il proposait pêle-mêle toutes sortes de chaussures à Fatou Niang. Il vantait chacune d'elles.Tout était en cuir, tout allait à Fatou Niang. Il parlait beaucoup en ouolof et s'adressait de temps en temps à Gnala pour le prendre à témoin de la beauté de sa marchandise. Fatou Niang examina minutieusement les chaussures avant de porter son choix sur deux paires à talons hauts, l'une rouge et l'autre bleue, et une autre, plate, de couleur grise. Le vendeur prit sa calculatrice et donna le montant de cinquante-deux mille francs. Fatou Niang s'indigna et une longue discussion s'ensuivit.

Finalement les trois paires de chaussures coûtèrent trente-sept mille francs.

Justin Gnala sortit de son portefeuille quatre billets de dix mille francs. Il ne réclama pas la monnaie. Le vendeur avait aperçu plusieurs billets dans le portefeuille. Il conseilla la prudence à son client. “Ici, au marché des H.L.M, il y a beaucoup de petits voleurs. S'ils savent que vous êtes étranger, ils ne vous perdront pas de vue. Méfiez-vous et bonne chance.”

Justin Gnala ne laissa pas la jeune fille porter ses paquets. Il les prit lui-même.

– Monsieur Gnala, je ne sais comment vous remercier de ce geste. J'ai même honte.

– Ressaisissez-vous. Faites-moi un petit baiser sur la joue.

Elle le fit avec beaucoup de chaleur devant un magasin de pagnes. Le vendeur les invita à entrer.

– Prochainement, lui dit Fatou Niang.

– Au contraire, c'est maintenant que nous visiterons cette boutique. A la descente de la chaloupe, j'avais annoncé que je voulais me rendre au marché. Ce que je n'avais pas dit c'est que je voulais acheter quelque chose pour votre mère que je dois aller saluer avant de regagner mon hôtel et me préparer pour la soirée au Méridien Président.

Fatou Niang resta muette. Justin Gnala demanda au vendeur de lui proposer trois pagnes qui pourraient plaire à une femme d'un certain âge. Celui-ci ne se fit pas prier. Les trois pagnes furent choisis et payés. Dans la voiture, Fatou parla en ouolof à Badara Dieng.

– Monsieur Gnala, au nom de ma sœur, je vous remercie pour ce geste. Elle ne sait comment le faire. Et comme je suis son aîné, je parle en son nom. Grand merci, que Dieu vous bénisse et vous récompense chaque jour un peu plus.

Fatou Niang et sa famille habitaient à la Médina, l'un des quartiers les plus populaires de Dakar. Ils vivaient dans une vaste concession de plusieurs maisons. Celle où habitaient les parents de l'hôtesse était la plus grande et jouissait de beaucoup de confort. Justin Gnala s'assit dans un large fauteuil moelleux. Les présentations faites, la fille remit les pagnes à sa mère.

– Monsieur, je suis vraiment confuse mais on ne refuse jamais un cadeau. Mon mari est à la mosquée, quand il reviendra, il saura mieux que moi vous adresser mes remerciements.

– J'espère que je le verrai la prochaine fois. Je dois maintenant retourner à l'hôtel car je dois me préparer pour la soirée de la Jongoma pour laquelle je demande la permission de me faire accompagner par Fatou.

– Je suis désolée que vous ne puissiez pas rester jusqu'au retour de mon mari ; ce sera pour la prochaine fois. Vous direz à Fatou quand il vous sera possible de venir dîner chez nous. Pour la soirée de la Jongoma pas de problème. Je vous confie Fatou. J'espère que le spectacle sera télévisé car nous avons dans ce quartier notre candidate. Elle est la plus belle. Elle sera la Jongoma de l'année.

– Qui est-elle ?

– Maïmouna Dong.

– Je vais la suivre de près lors de ses prestations.

– Inch Allah ! elle va gagner malgré les combines habituelles, affirma la mère de Fatou Niang.

Le chauffeur et Justin repartirent vers l'hôtel. En chemin, le banquier ivoirien apprécia un homme confortablement assis dans une Mercedes conduite par un chauffeur en uniforme. Il portait un beau boubou blanc.

– Badara, je veux immédiatement ce genre de boubou.

– Cest un boubou qui coûte cher. Il a

dû certainement l'acheter chez Maître Ly, boulevard de la République.

Ils s'y rendirent. Il acheta l'ensemble à cent vingt mille francs. Le maître couturier lui offrit une paire de babouches blanches. Le chauffeur Badara l'accompagna avec le gros paquet jusqu'à sa chambre du Téranga. Justin lui remit une enveloppe. Dans l'ascenseur, Badara se précipita pour l'ouvrir.

“Cinquante mille F. CFA ! Nous les pauvres, sommes venus pour accompagner les autres dans ce monde.”

Quand Fatou Niang arriva à l'hôtel, Justin Gnala l'attendait dans le hall. Elle eut du mal à le reconnaître dans son bel ensemble blanc avec ses babouches. Ils ne tardèrent pas à quitter le Téranga pour le Méridien Président situé derrière l'aéroport Yoff. Dans la voiture, Gnala fut subjugué par la beauté de la jeune fille qui portait une longue robe noire avec des colliers blancs. Ses tresses tombaient sur son dos. Son parfum était enivrant.

– Vous sentez délicieusement bon ! Fatou Niang.

– Merci.

– Puis-je savoir de quel parfum il s'agit ?

– C'est “Yvresse,” de Saint Laurent, en eau de toilette.

– Félicitations.

Le Méridien Président était en fête. Une foule immense se pressait à l'extérieur et dans l'enceinte de ce grand hôtel majestueux. Il n'y avait pratiquement plus de places assises dans les rangs du milieu quand Fatou et Justin eurent enfin accès à la salle, après d'interminables palabres à la porte d'entrée. Ils s'installèrent à la deuxième rangée, non loin du podium, avec en perspective le torticolis à la fin de la soirée. Déjà, en cherchant à s'installer, Gnala regardait avec un très grand plaisir toutes ces femmes majestueuses en boubou, parées de bijoux. Plus belles les unes que les autres, elles sentaient toutes les meilleurs parfums du monde. De sa place, Gnala tournait et retournait la tête.

– Je suis émerveillé Fatou Niang. Dakar fait tourner la tête d'un homme.

– Je vous avais prévenu qu'une semaine serait vite passée. Dakar est impitoyable pour un visiteur de passage.

– Vos parfums sont captivants.

– Pour la femme sénégalaise, sentir bon est primordial. Beaucoup de parfums traditionnels sont à base de thiouraye, un encens. Les jeunes filles ne le portent pas. Il est réservé à la chambre conjugale.

– Ce qui m'impressionne aussi, c'est la simplicité des hommes par rapport aux femmes.

– Pour un Sénégalais, la femme est une princesse et l'homme son serviteur. Tout est fait pour la femme. D'ailleurs, c'est normal. Quand on aime une femme, on doit la fêter.

– Oui, c'est vrai.

L'animateur venait de se présenter au micro. La soirée commençait par un artiste appelé Fallou Dieng. Il chanta “Weex Bët.”

– Que dit-il ?

– Il chante en ouolof. Il conseille aux femmes et aux filles de ne pas aller de gauche à droite, de faire leur choix au lieu de changer de compagnon à tout moment.

C'est dans un brouhaha indescriptible que les candidates se présentèrent. Elles étaient une trentaine et représentaient toutes les régions du Sénégal, même si Dakar se taillait la part du lion avec dix représentantes. Après leur départ, Fallou Dieng revint sur scène pour chanter “Senghor,” l'ancien Président, devenu membre de l'Académie française et qui très tôt, chanta la beauté de la femme noire.

Les choses sérieuses pouvaient enfin commencer. Chaque candidate passait et repassait sur le podium. Pour le premier passage chacune portait un grand boubou. Maïmouna Diong avait le numéro trois.

– Votre mère m'avait encouragé à supporter Maïmouna, mais j'avoue qu'elle ne me donne pas envie de le faire.

– Pourquoi ?

– Je la trouve un peu trop grosse et le pire est qu'elle a trop utilisé les produits éclaircissants.

– Ici les hommes aiment les femmes au teint clair. Quand on ne l'est pas, on achète des produits qui peuvent vous aider à changer la couleur de votre peau. N'aimez-vous pas les femmes claires ?

Gnala Justin n'avait plus de voix. Il venait de voir celle qui portait le numéro dix-neuf, elle répondait au nom de Ramata Ly. N'Dèye Ramata Ly. Il la buvait des yeux. Il n'écoutait plus Fatou Niang. Quand elle quitta la scène, il s'écria “Mon Dieu ! Qu'elle est belle ! Mon Dieu ! Mon Dieu !”

Après le passage des trente candidates, c'est Coumba Gawlo qui passa avec son titre fétiche “Bine-Bine.” Fatou Niang crut faire plaisir à l'Ivoirien en expliquant la chanson.

– Dans “Bine-Bine,” Coumba raconte que l'épouse doit considérer la belle-mère comme sa propre mère, le beau-père comme son père, le beau-frère et les belles-sœurs comme des frères et sœurs. Ainsi la paix régnera dans le foyer. L'épouse ne doit pas venir dans la famille pour créer sa propre loi en séparant son mari de ses parents.

Fatou Niang remarqua l'absence de Gnala devant ses propos. Les candidates passaient maintenant en “N'dokette,” petit boubou. Quand N'Dèye Ramata Ly se présenta, le banquier s'écria :

– Quelle créature ! C'est une femme de rêve !

Fatou Niang devint jalouse du numéro dix-neuf.

– Je me demande ce que vous pouvez lui trouver d'appréciable. Elle n'est pas très grande, elle est trop noire et est moins bien en chair que les autres.

– En la regardant je pense que je vois en elle ma moitié.

La jeune fille garda un long mutisme. Les candidates revenaient pour le troisième passage en “taille basse.” Au cours de ce passage, chacune présentait une recette de cuisine ou une recette pour préparer un "thiouraye." N'Dèye Ramata Ly présenta une recette de thiouraye qui pouvait "détruire" un homme. Pour Justin Gnala, la lauréate de ce concours ne pouvait qu'être N'Dèye Ramata Ly.

Après les prestations de plusieurs artistes sénégalais, le jury proclama les résultats à deux heures du matin. Maïmouna Diong était la troisième, à la grande surprise de Gnala qui la voyait beaucoup plus loin. Le numéro dix-neuf, fut sacré la Jongoma de l'année. Elle répondait au nom de N'Dèye Ramata Ly.

4

Atteindre la sortie, pour quitter cette salle de spectacle du Méridien Président fut très difficile. Les partisans de la nouvelle Jongoma laissaient éclater leur joie en chantant et en dansant. Ceux ou celles qui avaient leur favorite occupaient également les allées dans des discussions interminables.

C'est la main dans la main, que Fatou Niang et Gnala Justin sortirent de l'hôtel Méridien Président pour regagner leur voiture. Le chauffeur Badara Dieng dormait à l'intérieur.

– Où allons-nous maintenant ? demanda-t-il.

– Au Téranga, indiqua le banquier ivoirien.

– Qui a été la Jongoma ? demanda Badara Dieng.

– N'Dèye Ramata Ly, lâcha Fatou Niang.

– Est-elle belle ?

– Moi, dit Gnala, je la trouve très belle.

– Je ne la trouve pas extraordinaire ; de plus ses orteils sont écartés.

– Ma chérie, comment as-tu vu avec précision ses orteils ?

Gnala la tutoyait pour la première fois.

– Ne me parlez plus d'elle.

– Je suis désolé de ta réaction. Mais moi je vais en parler toute ma vie. Quand j'ai vu N'Dèye Ramata Ly, j'ai eu le coup de foudre. En ce qui me concerne, je venais enfin de trouver ma moitié que j'attendais depuis des années. Elle est entrée dans mon cœur par effraction. Je crois que je ne pourrai jamais l'oublier. Je vais commencer par la rencontrer. Je ne sais pas ce que l'avenir nous réserve mais je souhaiterais que la Jongoma de cette année devienne mon épouse.

– Monsieur Gnala, vous plaisantez ou vous êtes sérieux ?

– Vous pensez qu'à mon âge je plaisante ?

Elle se retira des bras de Gnala et se cala contre la portière, avant de parler en ouolof à Badara Dieng.

– Monsieur Gnala, mademoiselle Fatou Niang souhaiterait que je la dépose à la Médina. Elle ne veut plus aller avec vous au Téranga.

Gnala se retourna vers Fatou Niang et l'embrassa. Elle prit un mouchoir en papier pour essuyer la joue embrassée. Gnala ordonna au chauffeur de rouler plus rapidement pour rejoindre la Médina. Arrivée devant son domicile, Fatou Niang descendit de voiture et claqua la portière avec une violence inouïe. Elle ne dit même pas bonsoir au chauffeur, à fortiori à son chevalier servant.

– Ah ! les Sénégalaises, s'exclama Badara.

– Je comprends sa déception, mais je ne lui avais fait aucune avance. Elle ne savait même pas pourquoi on se rendait au Téranga. Je l'invitais tout simplement à dîner avant que vous ne la rameniez à la Médina. Je ne suis pas homme à profiter de la situation. Je suis incapable d'avoir des relations sexuelles avec une femme que je viens de rencontrer il y a à peine deux jours. Je me demande quelle tête elle fera lundi matin à l'ouverture du colloque, quand elle sera obligée de venir me chercher pour me conduire dans la salle de conférence.

– Elle va se faire remplacer par une de ses collègues et s'occuper d'une autre délégation.

– Je suis désolé surtout pour sa famille, principalement sa mère que j'aurais souhaité rencontrer une fois de plus.

– Je pourrais toujours vous conduire là-bas.

– Pas question. Et voilà le Téranga. On ne se reverra que lundi matin. Reposez-vous bien.

– Bonne nuit monsieur Gnala et merci.

Gnala ne dormit pas de la nuit. Il resta éveillé jusqu'au matin. Il prit des cachets d'aspirine pour ne pas avoir trop mal à la tête. Il était impatient d'être à lundi pour acheter les quotidiens sénégalais qui montreraient à la une et dans les pages intérieures les multiples photos de la Jongoma en boubou, en N'dokette et en "taille basse." Il voulait absolument avoir devant ses yeux l'image de la Jongoma. En regardant la photo, il saurait effectivement s'il ne s'était pas trompé car la photo reflète l'âme de la personne. La photo ne trahit pas, ne ment pas. Avec cette photo, il visualiserait son union future avec la Jongoma.

Il quitta l'hôtel pour une promenade à pied au Plateau de Dakar. Il s'habilla avec simplicité afin de passer inaperçu. Ce dimanche-là, il vit beaucoup plus de jeunes filles en robe, en jupe ou en jean. Même les femmes en boubou le laissaient indifférent. Il avait déjà trouvé en esprit son âme sœur. Il appréciait, ce dimanche-là, l'enthousiasme des hommes sénégalais. Il s'étonnait toujours de voir les Africains si gais devant les problèmes économiques qui les assaillent chaque jour. Il se souvint de cette gaieté dans certains pays où les salaires n'étaient pas versés depuis trois mois. On ne vit pas seulement de pain avait dit Jésus. Il pensa alors à l'église. Il voulait voir la cathédrale de Dakar, la visiter et non prier. Même s'il portait le prénom de Justin, Gnala n'avait aucune attache religieuse. Il ne croyait pas beaucoup aux religieux, même l'existence de Dieu pour lui était hypothétique.

A l'approche de la grande cathédrale, il entendit des chants. Il regarda l'édifice de loin et se dirigea vers la gauche. Il admira le palais présidentiel et surtout les gardes dans leur tenue avec un pantalon rouge bouffant.

A son retour à l'hôtel, il trouva plusieurs messages relatifs au colloque, notamment une réunion préparatoire à dix-sept heures et plus étonnant, un message de Fatou Niang qui souhaitait le rencontrer à vingt heures.

Il dormit jusqu'à dix-sept heures trente et arriva à la réunion à dix-huit heures. Elle n'avait pas encore commencé. Sur les dix-sept participants, seulement six personnes étaient présentes. Et tous de critiquer le manque de ponctualité des Africains.

– A Abidjan, déclara Gnala, si vous voulez commencer une réunion à seize heures, vous convoquez les participants pour quinze heures. J'ai pensé la même chose et c'est pourquoi je suis arrivé une heure après. Mais je constate que c'est encore pire ici.

– A Dakar, on ne respecte pas l'heure, confirma un banquier sénégalais.

– Sauf pour retirer le salaire, ajouta un sociologue.

– Et pourtant, on vend beaucoup de montres à Dakar.

Cette remarque de Gnala fit rire tous les participants. La réunion commença malgré le peu de participants. Au moment où elle s'achevait, à vingt heures trente, la quasi-totalité des participants convoqués était arrivée et s'acharnait à revenir sur des points déjà étudiés, analysés et adoptés, ce qui provoquait les remarques acerbes des autres.

Durant la réunion, Justin Gnala fit la connaissance de Abdul Aziz Thiam, représentant du ministre de l'Économie et des Finances dont il était le conseiller principal.

Fatou Niang n'était pas encore arrivée quand il monta dans sa chambre pour prendre un bain moussant.

Il était vingt et une heures quinze quand la réception appela.

– Monsieur Gnala, vous avez la visite de mademoiselle Niang Fatou.

– Vous pouvez la prier de monter ?

Elle entra dans sa chambre toute souriante. Elle portait un joli N'dokette brodé, elle le fascina. Elle le prit dans ses bras l'embrassa sur les lèvres. Son parfum l'enivra. Il la serra dans ses bras, lui donna un long baiser. De longs ébats amoureux s'ensuivirent.

– Que faisons-nous maintenant, ma chérie ?

– J'ai faim.

– Et moi alors ? J'aimerais que l'on dîne en dehors de l'hôtel. Connais-tu un endroit intéressant non loin ?

– As-tu très faim ?

– Oui.

– Alors nous irons chez Loutcha. Dommage que notre voiture ne soit pas là.

– Ce n'est pas grave. Nous prendrons un taxi devant l'hôtel.

– Les taxis de l'hôtel sont chers.

– Ma chérie, n'oublie pas que je suis un banquier et non un planton.

Dans l'ascenseur, ils s'embrassèrent avec fougue devant trois Européens.

– En Europe, les gens s'embrassent dans la rue et même devant les églises, alors ils ne doivent pas s'étonner de notre attitude, surtout dans un ascenseur.

– Si les organisateurs m'avaient vue, j'aurais été renvoyée sur le champ. Nous n'avons pas le droit d'avoir des relations intimes avec les participants au colloque.

Le taxi les conduisit devant le Loutcha en moins de quatre minutes. Le restaurant était bondé malgré l'heure tardive. On leur trouva néanmoins une place. C'est le propriétaire même du restaurant qui vint vers eux et prit leur commande.

– C'est un Cap-Verdien. La particularité du restaurant, c'est non seulement la rapidité mais la quantité de mets.

– Avec la qualité je l'espère.

– Bien sûr !

Fatou avait commandé un thiof au poisson accompagné de riz. Justin préféra une pintade. Quand il mangea le premier morceau il le trouva succulent.

– Je te l'avais bien dit ! Est-ce vrai que manger de la pintade donne la richesse et consommer le poulet la détruit ?

– La pintade est une volaille dont la viande rappelle la saveur du gibier. La finesse de sa chair et sa légèreté font qu'elle est très recherchée par les gastronomes. Sur le plan diététique, elle est moins calorique ; pour cent grammes de viande crue, on a cent trente-quatre calories. C'est une viande riche en protéines, en fer et aussi en vitamines B1-B2-PP essentielles au métabolisme des glucides et des lipides. La pintade, contrairement au poulet, ne met pas son bec dans tous les endroits sales. Cependant, je serais étonné d'avoir la confirmation que manger du poulet dispense la richesse comme l'affirment beaucoup de personnes. Si c'était vrai, les chefs d'État ne mangeraient pas de poulet. Or, ils en consomment tous les jours. Moi, j'ai toujours préféré la pintade.

– C'est pourquoi tu es riche. Bref, Gnala, si j'ai tenu à te revoir c'est pour m'excuser de l'incident d'hier soir. Je n'ai pas dormi de la nuit. Et toute la journée, j'avais honte de mon comportement. D'ailleurs si j'ai tardé à venir, c'est que je regardais sur l'ORTS le reportage télévisé de la soirée. Tu avais raison, la Jongoma est très belle.

– Tu es excusée. Mais pour moi N'Dèye Ramata Ly n'est pas seulement belle. C'est ma moitié que je viens de découvrir.

Tous mes efforts doivent tendre désormais à la rencontrer.

– Tu tiens tant à Ramata sans l'avoir vue de près ?

– L'amour peut naître rien que d'entendre la voix d'une femme au téléphone.

– Permets-moi de rentrer chez moi.

– Pas avant d'avoir terminé ton poisson.

Ils restèrent silencieux durant tout le repas. Après avoir réglé la note, Justin lui remit trente mille francs pour prendre son taxi. Lui même rentra à pied à l'hôtel. A quelques dizaines de mètres de l'hôtel Indépendance, des vendeurs ambulants s'approchèrent de lui. Ils lui proposèrent des bracelets. Il ne les regarda pas, continuant sa marche. Ils insistèrent. L'un d'eux s'accroupit et toucha ses pieds. Il s'étonna de ce geste. Ils prirent la fuite. Il sentit qu'on venait de lui enlever quelque chose de la poche. Son portefeuille était pourtant dans une double poche de sa chemise. Il vérifia. Son portefeuille avait disparu. Il contenait près de cent cinquante mille F. CFA. “Ils m'ont volé.” Des passants vinrent vers lui, lui conseillèrent de se rendre au commissariat de police tout proche, et de dénoncer ces jeunes délinquants. « C'est un sacrifice », dit-il. Il traversa la rue pour rejoindre le Téranga. Il avait encore dans le coffre de la banque plus de trente-cinq fois la somme qu'on venait de lui dérober. “La jeunesse africaine est si malheureuse qu'il ne lui reste qu'à voler ceux qu'elle croit nantis. Cette somme est volée pour me préserver d'un malheur important et m'annoncer une bonne nouvelle.” Cette bonne nouvelle ne pouvait que concerner N'Dèye Ramata Ly, la Jongoma de l'année.

5

Le lundi matin, Justin Gnala descendit tôt de sa chambre pour se procurer les journaux sénégalais qui parlaient de l'élection de Miss Jongoma. Il acheta “Le Soleil,” “Sud Quotidien,” “L'Aurore” et “Le Matin.” Chacun de ces quotidiens affichait la photo de N'Dèye Ramata Ly à la une. Remonté chez lui, il contempla durant de longues minutes les photos de N'Dèye Ramata. Il préférait les photos où on la voyait en N'dokette. Néanmoins, il aima particulièrement celle publiée par “Le Matin” où prise de dos, on la voyait en “taille basse.” En plus de l'amour qu'il portait à la Jongoma, il la désirait aussi maintenant, à cause de cette photo. “Elle sera ma femme... Elle sera ma femme,” murmurait-il.

Rassasié de la vue de la Jongoma, il se plongea maintenant dans les articles la concernant et se révolta. Il trouvait que les prix donnés à Ramata Ly étaient insuffisants. “Ce n'est pas possible ! Une chambre à coucher d'une valeur d'un million de francs, des bijoux, des pagnes. Tout ce qu'elle a reçu n'atteint même pas trois millions ! Or, cette femme, il lui faut au moins dix millions de prix.”

Il se calma en pensant que lui Gnala, aurait la possibilité de donner une vie de reine, tôt ou tard, à Ramata Ly qui venait, selon les journaux d'avoir trente ans. “Le Soleil” annonçait pour son édition du lendemain une interview exclusive avec la nouvelle Jongoma. Il trouvait demain aussi loin qu’un siècle. Il voulait lire les propos de celle qu'il aimait en attendant d'entendre le son de sa voix, pour lui, le plus beau puisque celui de sa bien-aimée.

L'hôtesse l'appela pour lui demander de se préparer à descendre car l'ouverture du colloque était prévue pour neuf heures. Et il était huit heures quarante-cinq. Il s'étira. Il ne savait même plus pourquoi il se trouvait à Dakar. Il prit une douche et s'habilla : pantalon gris, chemise jaune et blazer bleu. La cravate rouge et bleue allait parfaitement avec cet ensemble. Quand il entra dans la salle de conférence il était neuf heures et demie et le ministre des Finances qui devait ouvrir la séance n'était pas encore arrivé.

La première journée du colloque connut un réel succès grâce à de brillantes interventions. Le jeune banquier ivoirien s'investit complètement dans sa réunion. Il s'étonna de l'attitude de Fatou Niang. Leur relation demeurait strictement professionnelle.

A la fin des travaux du soir, au moment où elle prenait congé de lui, il lui demanda :

– Je ne te comprends pas Fatou.

– Qu'est-ce que vous ne comprenez pas ?

– Ton attitude à mon égard.

– Je pense que j'ai une attitude digne d'une hôtesse.

– Tu te conduis comme si nous nous connaissions à peine. Et pourtant...

– Monsieur Gnala, je suis chargée de vous assister durant ce colloque. Je vous prie d'oublier tout ce qui a bien pu se passer, considérez-moi comme une hôtesse. Un point c'est tout !

– Es- tu jalouse ?

– De qui ? Excusez-moi, je dois me retirer. Nos règlements ne nous permettent pas de discuter familièrement avec les participants au colloque. Bonne nuit, monsieur Gnala.

Monsieur Gnala n'en revenait pas. Il monta dans sa chambre. Il se sentait humilié par cette jeune étudiante.

Après avoir suivi le journal télévisé, il redescendit de sa chambre pour retrouver le chauffeur. Il était attendu à dîner à vingt et une heures chez son ami Abdoul Aziz Thiam qui habitait dans un appartement à Fass, non loin du marché. A son intention, un tchep rouge avait été préparé. Ils mangèrent avec les doigts. La belle et ravissante épouse d'Abdoul Aziz, Assetou, lui donnait des boulettes de poisson comme si c'était lui le mari. La conversation tourna beaucoup autour de la nouvelle Jongoma. Abdoul Aziz s'étonnait de l'intérêt de son nouvel ami ivoirien, pour cette femme qui n'avait pas fait de hautes études. Son épouse enseignait la linguistique à l'Université Cheick Anta Diop.

“Dans tous les cas, je suis prêt à t'aider à la rencontrer et même plus, à faire partie de la délégation qui ira demander sa main. Mais tu dois d'abord savoir où elle habite, et faire sa connaissance. Il faudra te faire accompagner d'un griot. Badara Dieng que je connais bien pourra t'assister.”

Dans la voiture, de retour vers le Téranga, il discuta chaleureusement avec le chauffeur Badara Dieng.

– Dès demain, au moment où vous serez en pleine séance, je vais chercher son adresse, obtenir un rendez-vous et prendre contact avec un griot que je connais bien.

– Vraiment je te serai éternellement reconnaisssant. J'ai envie de voir cette femme en face, d'entendre le son de sa voix, de lui faire des cadeaux. Je suis révolté par le peu de prix qu'elle a reçu de la part des organisateurs.

– Vous savez, ici au Sénégal, on n'a pas beaucoup d'argent.

– Personne n'a suffisamment d'argent mais devant la beauté on doit donner sans compter.

L'interview de la Miss Jongoma ne parut pas comme prévu. Le journal l'expliqua par l'affluence qui ne cessait de croître au domicile de l'élue pour la féliciter. Elle n'avait pas assez de temps pour accorder un long entretien. Le journal se borna à raconter tout ce qui se passait chez elle. Les seuls propos de la Jongoma se limitaient à : “Je suis heureuse d'être sacrée la Jongoma de l'année. Je remercie ma mère, mes frères et sœurs, les femmes, les hommes, la jeunesse de mon quartier pour leur soutien. Je remercie le comité pour tous les prix que j'ai reçus.”

"Comment peut-elle se satisfaire de si peu ? Attendons qu'elle me connaisse, je lui donnerai de vrais prix ».

Badara Dieng réussit à obtenir le rendez-vous pour vendredi à vingt et une heures. Le griot Kanouté donna son accord pour parler au nom de l'Ivoirien.

– Il m'a dit qu'il n'avait pas de boubou propre pour se présenter devant une telle beauté. Je lui ai demandé de ne pas s'inquiéter.

– Tu aurais dû lui avancer de l'argent pour qu'il achète un grand boubou bien brodé. Mais je vais monter et te donner de l'argent pour lui.

– Il a annoncé aussi que les cordes de sa cora avaient vieilli et que pour bien parler il avait besoin d'acheter des colas qu'il allait croquer toute la journée du vendredi.

– Pas de problème ! Pas de problème ! Je m'occupe de tout.

Au moment de monter dans l'ascenseur, il vit une hôtesse en sortir. C'était une jeune fille, amie de Fatou Niang, qui s'occupait d'un économiste russe.

"Alors, dit-elle, monsieur Gnala, à quand votre mariage avec votre Jongoma ?

– C'est pour très bientôt.

– Elle ne sait même pas lire et parler correctement le français. Comment ferez-vous ?

– Le langage de l'amour est universel.

Quand il sortit de l'ascenseur il comprit que Fatou Niang le discréditait auprès des autres hôtesses. De retour, dans le hall du Téranga, il remit cent mille francs pour le griot et cinquante mille pour Badara Dieng qui s'étonnait de cette générosité. Il promit, intérieurement, de tout mettre en œuvre pour que N'Dèye Ramata Ly vît la chambre d'hôtel de Gnala avant le retour de celui-ci à Abidjan.

Le colloque prit fin le vendredi avec le discours de clôture prononcé par le ministre des Finances. Un grand cocktail fut organisé pour les participants et les invités.

Justin Gnala monta dans sa chambre. Il prit un bain moussant avant d'hésiter sur les vêtements à porter. Il savait qu'il ne porterait pas de grand boubou. Un costume aussi ferait prétentieux. Il pensa qu'il ferait mieux de porter une chemise du grand couturier Pathé Ouédraogo, celui qui coud les fameuses chemises de Mandela. Avant de passer sa chemise rose à manches longues, il se mit quelques gouttes de parfum sur le cou et la poitrine.

Très épanoui, Justin Gnala arriva à Liberté 6. La voiture s'arrêta en face du terrain de basket. C'est le griot Kanouté qui descendit le premier. Badara Dieng et Justin Gnala le suivirent à travers une petite allée. De nombreux enfants, en particulier des fillettes, les escortaient jusqu'à la porte d'entrée de couleur verte. “C'est ici que loge notre Jongoma de cette année.”

Les sons de la cora avaient envahi tout le salon meublé d'une bibliothèque beige qui contenait de nombreuses assiettes, des photographies et des livres anciens. Justin Gnala et Badara Dieng prirent place sur le divan. Le griot s'assit sur une chaise, à côté du téléviseur. La mère et la tante de la Jongoma s'assirent dans les fauteuils.

– Je vous souhaite la bienvenue dans notre maison. Que voulez-vous boire ?

– Du bissap, demanda Gnala.

Elle donna des ordres à des jeunes filles qui se précipitèrent dans la cuisine.

– Griot Kanouté, que nous vaut cette visite ?

– Mère qui a un ventre en or et qui a donné au Sénégal ce diamant que tout le monde vient admirer depuis plusieurs jours, je m'incline devant toi et je demande ta bénédiction avant de parler.

On entendit des applaudissements derrière la porte, provenant d'une vingtaine d'adultes et d'enfants attirés par la cora et enchantés par les propos du griot Kanouté.

– Tu as toute ma bénédiction.

– Tu sais qu'entre la Côte d'Ivoire et le Sénégal depuis l'époque coloniale jusqu'aujoud'hui, aucun nuage ne s'est installé ! Le Sénégal et la Côte d'Ivoire sont comme les deux poumons d'un corps. Ce qui est bon pour le Sénégal est bon pour la Côte d'Ivoire. Ce qui est mauvais pour la Côte d'Ivoire l'est forcément pour le Sénégal. Et il est tout à fait normal que le diamant qui est sorti de toi ait vu sa lumière briller jusqu'à Abidjan. C'est pourquoi monsieur Justin Gnala, qui est assis en face de toi et qui porte une chemise comme celle de Nelson Mandela, a tenu à féliciter sa petite sœur. Sénégalais et Ivoiriens sont frères et sœurs.

– Merci griot Kanouté. N'Dèye Ramata Ly a été prévenue de votre arrivée. Elle se prépare. J'espère qu'elle a fini. Rama, Rama, on t'attend.

Ramata sortit d'une chambre et arriva d'un pas majestueux dans le salon. Justin Gnala se leva et faillit tomber. Elle était plus belle qu'il ne se l'imaginait. En le saluant, elle afficha un beau sourire qui finit par anéantir Justin Gnala.

– Soyez le bienvenu à Sicap Liberté 6, dit-elle avant de s'asseoir dans un fauteuil.

Le griot qui ne cessait de toucher la corde de sa cora prit la parole en s'adressant à N'Dèye Ramata Ly.

– Ramata, tu es un diamant. Ta splendeur a atteint la Côte d'Ivoire. Monsieur Justin Gnala, qui est le Président d'une banque, a été ébloui par tes mille feux depuis Abidjan. Il ne pouvait plus manger, respirer ni dormir sans te voir. Et tu as vu que ton apparition l'a fait se lever spontanément et qu'il a failli tomber à tes pieds tant ta beauté a dépassé son entendement (des applaudissements à l'intérieur et à l'extérieur retentirent). Il m'a chargé de demander ton amitié, rien que ton amitié pour le moment. Il repart demain pour Abidjan. Il reviendra spécialement vendredi prochain pour entendre ta réponse. Mais avant de partir il m'a prié de remettre deux cent cinquante mille F. CFA à ta mère, deux cent cinquante mille à ta tante. Cinquante mille à tes frères et sœurs (applaudissements). Ecoutez, ce n'est pas tout. Le grand banquier ivoirien n'a pas du tout apprécié les petits dons qu'on t'a remis après ton sacre. Il promet à son retour, la semaine prochaine, de corriger le défaut des organisateurs. D'ores et déjà, voici l'enveloppe qu'il m'a demandé de te remettre. Elle contient deux millions cinq cent mille francs. (Applaudissements inouïs). Notre frère ivoirien te demande de ne pas répondre ce soir, il attend ta réponse vendredi prochain. Certains pensaient qu'Abidjan était loin de Dakar, monsieur Gnala va nous prouver qu'Abidjan et Dakar pour lui, c'est comme Rufisque et Dakar.

Un photographe prit de nombreuses poses de la Jongoma et deux de Gnala avec elle, assis côte à côte. Le griot, Badara Dieng, qui avait servi d'interprète durant toute la partie, et Justin Gnala se retirèrent accompagnés de la mère et de la tante, des frères et sœurs de la Jongoma.

Cette nuit-là, Justin Gnala dormit assez profondément. Une seule phrase revenait dans son sommeil : “Ramata, tu seras mon épouse.”

6

De retour à Abidjan il plaça trois photos de la Jongoma sur son bureau. N'Dèye Ramata Ly stimulait son cerveau. Sa secrétaire fit sa réservation pour Dakar. Il attendait avec impatience son retour à Dakar. Ce n'est que le mardi qu'il se rendit chez ses parents. En plein dîner, il dévoila ses intentions.

– Je suis tombé amoureux, lors de mon séjour à Dakar, d'une Sénégalaise et si j'en ai la possibilité, j'aimerais l'épouser.

– J'espère que tu plaisantes, dit sa mère.

– Maman, pourquoi voudrais-tu que je plaisante ? N'est-il pas temps qu'à mon âge, je pense à fonder un foyer ?

– Mon fils, tu n'as pas besoin d'aller jusqu'à Dakar pour épouser une femme. Ici, tu peux en trouver de toutes les qualités.

– Maman, le mariage est une question d'amour.

– A qui le dis-tu ? Penses-tu qu'une Sénégalaise soit capable d'aimer ?

– Admettons qu'elle ne soit pas capable d'aimer mais si moi je l'aime, c'est l'essentiel. Une femme cherche la sécurité dans le foyer. L'homme doit lui donner cette sécurité et de plus, l'aimer.

– Justin, tu n'es même pas resté une semaine à Dakar et déjà tu as perdu la tête pour les Sénégalaises.

– Maman, je n'ai pas perdu la tête pour les Sénégalaises, mais pour Une Sénégalaise. En amour, on ne calcule pas. L'amour s'impose à nous. C'est une maladie. Elle peut nous prendre à tout moment et en tout lieu.

– Pierre, tu n'as rien à dire à ton fils ?

– Moi j'aimerais tout simplement savoir quel est son niveau d'études.

– Papa, je ne sais même pas si elle a fait des études. Je ne me suis pas intéressé à cela.

– Justin, tu n'as donc pas discuté avec cette fille ?

– Non. Je repars vendredi pour mieux la connaître.

– Quel vendredi ? demanda sa mère.

– Ce vendredi. Je repars pour Dakar.

– On t'a fait manger quelque chose là-bas. J'espère que tu ne nous oublieras pas !

– Et pourquoi maman ?

– Ceux qui épousent les Sénégalaises oublient souvent le nom de leur mère. Ils n'ont que le nom de leur femme dans la bouche.

– Maman, je pensais que le christianisme te faisait voir le monde autrement. Si une grande catholique comme toi a des idées préconçues sur les autres, je crois que je n'ai pas eu tort de ne pas me lancer dans le christianisme.

– Ce n'est plus la peine de discuter avec toi.

– Moi ton père, je n'ai pas de préjugés, mais réfléchis suffisamment avant d'épouser celle que tu crois aimer.

– Papa, on en reparlera.

Justin Gnala se rendit chez lui à la Septième tranche, un quartier habité par les riches.

Il habitait une grande maison à trois niveaux. Chaque pièce était meublée et décorée selon les conseils d'un architecte d'intérieur. Dans sa vaste cour bien fleurie, Justin Gnala disposait d'un espace pour faire du sport. Chez lui, plusieurs personnes étaient à son service. Il ne lui manquait qu'une femme pour cette belle demeure. Jamais il ne s'était senti aussi proche du mariage que maintenant. Il était dans sa chambre, écoutant le compact de Meiway “Les génies vous parlent,” quand le téléphone sonna dans le box des vigiles. Mademoiselle Elise Kodjo voulait le rencontrer. C'était son amante du moment, il sortait avec elle depuis deux ans. Elle enseignait l'anglais dans un lycée d'Abidjan.

– Alors, on revient de Dakar sans me tenir informée. Qu'est-ce que cela signifie ?

– Je ne suis pas encore revenu. Je repars vendredi.

– Quel vendredi ?

– Ce vendredi.

– C'est-à-dire dans quatre jours ?

– Exactement.

– Chéri, regarde-moi bien. Qu'est-ce que tu as mangé pour y retourner aussi rapidement. Ce n'est certainement pas le colloque qui t'y pousse.

– Le colloque est terminé, le prochain se tiendra à Niamey en 2000. Je m'y rends pour affaires personnelles.

– Heureusement. J'ai eu peur que tu me parles d'affaires sentimentales.

– Dans les affaires personnelles on peut trouver les affaires sentimentales.

– J'espère que tu ne t'es pas épris d'une Sénégalaise.

– Et quel mal y aurait-il à cela ?

– A cause de moi. Je suis ta maîtresse

depuis des années. Il serait inconcevable et indécent que tu oses dire devant moi que tu es amoureux d'une Sénégalaise. En outre, elle te ruinerait.

– Elise, tu ne changeras jamais.

– Tu ne prêtes jamais attention à ce qu'on te dit.

– Écoute-moi, je t'ai beaucoup aimée mais ton caractère agressif et possessif a fait que mes sentiments pour toi ont beaucoup diminué. Et j'ai cessé depuis longtemps d'envisager le mariage avec toi. Lors de mon dernier séjour à Dakar, j'ai eu le coup de foudre pour une Sénégalaise. Une Miss Jongoma.

– Tu te moques de moi ? Tu ne m'as jamais considérée. Après avoir usé de mon corps, tu me laisses tomber comme une vieille chaussette ! Dieu va te le faire payer.

Kodjo Elise se mit à pleurer à chaudes larmes. Il ne chercha pas à la consoler. Un quart d'heure plus tard, elle se calma.

– Quand vas-tu épouser ta Sénégalaise ?

– Qui t'a parlé d'épouser une Sénégalaise. Je t'ai avoué que je suis amoureux d'une Sénégalaise. Ne transforme pas mes propos comme tu en as l'habitude.

– Comment peux-tu dire à une femme que tu as connue intimement que tu en préfères une autre ?

– En amour aussi, la vérité est une nécessité. Elle empêche que certains actes regrettables ne se produisent.

– Regarde-moi dans les yeux et dis-moi "Kodjo Elise, retire-toi de ma vie."

– Je ne suis pas un élève de ta classe.

– Justin, tu es un lâche. Tu ne veux plus de moi et tu n'as pas le courage de me le dire. Mais je ne te donnerai pas le plaisir de me faire souffrir davantage. Dès ce soir je te quitte. N'oublie pas, demain quand tu seras ruiné et trompé par ta Sénégalaise, les propos que tu viens de tenir. Tu paieras cher ton mépris à mon égard mais je ne suis pas rancunière. Quand tu seras abandonné par ta Jongoma, tu reviendras me trouver, prête à te reprendre dans mes bras.

Elle quitta la chambre en sanglots. Justin Gnala poussa un "ouf" de soulagement et se souvint des propos de son père qui disait qu'une femme amoureuse pouvait tuer un homme.

7

Ce vendredi matin, l'avion d'Air Afrique dans lequel se trouvait Justin Gnala fit une escale d'une heure à Bamako. Le banquier comme à son habitude se trouvait en première classe. Une dernière escale était prévue à Ouagadougou avant l'arrivée à Dakar. Justin Gnala était déjà en esprit à Sicap Liberté 6, chez N'Dèye Ramata Ly. Il se demandait ce qu'il ferait entre quinze heures, arrivée de l'avion à Dakar, et vingt et une heures, l'heure de son rendez-vous chez la Jongoma.

A Ouagadougou, où l'avion atterrit à onze heures trente, une escale de quarante-cinq minutes était prévue. Au bout de trente minutes, les passagers furent informés qu'une panne importante avait été décelée dans le moteur de l'avion. “La compagnie vous prie d'excuser cet incident indépendant de sa volonté. La Direction d'Air Afrique ne ménage aucun effort pour faire venir un avion à Ouagadougou pour vingt heures. Le décollage pour Dakar se fera à vingt heures quarante-cinq. Un repas sera servi aux passagers dans un restaurant de l'aéroport. Après ce repas, un car sera mis à la disposition des passagers qui aimeraient visiter la ville."

Dans sa colère, Gnala cassa sa coupe de champagne et bloqua son siège, avant de descendre de l'avion sous les yeux interrogateurs des hôtesses de l'air.

Il sortit de l'aéroport pour se rendre en ville en taxi. Il connaissait bien la ville de Ouagadougou où il avait séjourné cinq fois pour affaires. Il descendit à l'hôtel Indépendance où il prit une chambre. Il appela Badara Dieng pour l'informer du contretemps et lui demanda de prendre un rendez-vous pour le lendemain samedi, dans la soirée. Il enleva son costume et descendit de sa chambre pour aller au marché de Ouagadougou. A Ouagadougou, il regardait toujours avec un grand plaisir le monument destiné aux cinéastes.

De retour du marché, il fit monter son repas avant d'appeler une de ses connaissances de Ouagadougou. Il l'avait rencontrée à son premier voyage et un lien s'était établi depuis. Liliane Yaméogo était secrétaire de direction dans une banque de la place.

– Mon chéri, dit-elle en entrant dans la chambre. Tu ne m'as pas informée que tu venais à Ouagadougou.

– Je ne suis pas venu à Ouagadougou. J'y suis de passage suite à une escale forcée. Je partais pour Dakar et notre avion est tombé en panne ici. Nous attendons un autre avion qui partira d'ici à vingt heures quarante-cinq.

– J'ai beaucoup de chance. Depuis un an que j'ai envie de te revoir. Et comment va Abidjan ?

– Elle s'occidentalise un peu plus chaque jour.

– Mais vous êtes déjà européens là-bas !

Justin Gnala avait toujours désiré Liliane Yaméogo. Il était si en colère aujourd'hui qu'il pensait ne pouvoir calmer ses nerfs qu'après une partie de plaisir. Mais l'amour qu'il portait désormais à N'Dèye ne lui permit pas de savourer le corps tendre de la belle Burkinabé. Ils parlèrent de tout et de rien. Elle resta longtemps avec lui. Elle avait appelé son chef de service pour dire que son enfant avait eu un malaise à son retour de l'école. Elle accompagna Justin jusqu'à l'aéroport. Il promit d'inviter la belle Ouagalaise à Abidjan après lui avoir remis une enveloppe dont le montant élevé, c'est une habitude avec Justin, surprit Liliane. Et comme toujours elle commenta : “Les Ivoiriens sont riches et connaissent la valeur d'une femme.”

L'avion était déjà arrivé d'Abidjan. A vingt heures les passagers commencèrent à embarquer. Justin Gnala chanta un refrain d'amour en montant dans l'avion.

Badara Dieng l'attendait à l'aéroport international Léopold Sédar Senghor de Dakar-Yoff. Cette fois-ci, il avait demandé à Sénégal Auto, la société qui louait les voitures neuves, une Mercedes 190 E bleue. La Mercedes avait un si grand prestige qu'il voulait se rendre à Liberté 6 dans cette voiture. Il pensait déjà offrir tôt ou tard une voiture de marque allemande à N'Dèye Ramata Ly.

Cette fois-ci, il avait fait réserver une suite au Lagon II, un hôtel situé au bord de la mer. Installé dans sa chambre, il remercia Badara Dieng et lui donna rendez-vous pour le lendemain. Dès sa sortie de l'aéroport, il avait demandé à Badara s'il avait obtenu un rendez-vous pour le samedi.

– Non seulement j'ai obtenu un rendez-vous mais toute la famille vous attend avec une très grande impatience. Ramatou était invitée à présider une soirée dansante avec les femmes de Sicap-Liberté 6. Elle a préféré reporter ce rendez-vous pour te recevoir.

Il n'avait pas sommeil à cause de son impatience de rencontrer N'Dèye Ramata Ly, mais les vagues et le bruit régulier de la mer ne tardèrent pas à l'endormir profondément, tant et si bien qu'il fut surpris de se réveiller si tard. Il était très matinal, et se levait aux aurores, quelle que soit l'heure à laquelle il s'était couché la veille. Justin Gnala se mit à imaginer le matin où il se réveillerait dans les bras de N'Dèye Ramata Ly.

Il quitta l'hôtel pour se rendre au bureau d'Abdoul Aziz Thiam qui venait de recevoir une importante promotion. Il devenait le Directeur de l'Investissement privé au Sénégal. Ils discutèrent plus de trois heures avant de se rendre chez le nouveau promu pour un déjeuner. Le tchep rouge, tel que l'aimait Justin Gnala, était précédé de la viande de mouton braisée. A la fin du repas, ils prirent du thé à trois reprises dans un petit verre, avant de se séparer.

– Badara, je suis fatigué et j'ai sommeil. J'ai trop mangé, je pense que je ne quitterai pas l'hôtel avant notre départ pour Liberté 6.

– Reposez-vous bien.

– Ne me vouvoie plus. Nous sommes maintenant des frères.

– Repose-toi bien Justin.

– Très bien. A tout à l'heure.

Une foule de badauds attendait devant le terrain de basket. Elle se mit à applaudir lorsque Justin Gnala descendit de la Mercedes bleue. Des vieux, des vieilles, des jeunes, tout comme des enfants, voulaient lui serrer la main. Le griot Kanouté avait beaucoup de mal à jouer des airs de cora dans son grand boubou. Badara Dieng n'eut aucune difficulté à trouver des porteurs. Les applaudissements accompagnèrent Justin jusqu'à la porte de Ramata. Une chanson d'Amy Koïta, “Djanfa,” était diffusée par le gros appareil du salon. La mère, les tantes, les frères, sœurs, cousins et cousines de Ramata étaient entassés dans ce petit salon. il serra la main de chacun d'eux. Il s'étonnait de ne pas voir Ramata Ly. Mais il savait qu'elle arriverait peu après la demande des nouvelles.

Cinq minutes après, la voix d'une griote retentit. C'était Penda. Elle annonçait l'arrivée de Ramata dans le salon.

– Elle arrive Ramata. La plus belle des belles du Sénégal. Ramata, sors de ta chambre pour te montrer à cet étranger venu de si loin pour saluer ta beauté.

Voici Ramata, belle, grande, teint naturel, yeux incomparables, la fille que Dieu a modelé spécialement de sa main. Ramata, qui peut t'égaler ? Regarde-toi dans un miroir. Celle que tu verras en face de toi, est ta concurrente. Ce qui signifie, que dans toute l'Afrique on ne trouve pas deux femmes comme toi. Tu es la plus belle.

N'Dèye Ramata Ly portait un grand boubou bleu qui allait avec son teint noir naturel. Elle paraissait encore plus belle à Justin Gnala. Elle le salua avant de s'asseoir dans le fauteuil qui lui était réservé. Le cœur de Justin Gnala battait la chamade comme tout vrai amoureux devant l'objet de son amour.

Le griot Kanouté demanda le silence à l'assistance.

– N'Dèye Ramata Ly, la femme de diamant, ton étranger est arrivé d'Abidjan, rien que pour écouter le son de ta voix et surtout te regarder. Avant de laisser la parole, monsieur Justin Gnala a rapporté de son voyage quatre valises. La valise bleue avec tout ce qu'elle contient est pour ta mère et tes tantes (applaudissements). Quant aux deux autres valises, monsieur Gnala te les offre. Dans chaque valise tu trouveras de multiples pagnes hollandais, des Woodin, d'autres tissus de diverses qualités, des bijoux, des montres, des chaussures, des parfums et des draps. Le contenu de chaque valise atteint près de deux millions de francs. Il n'avait pas été satisfait des récompenses que tu avais reçues au moment de ton sacre.

En plus de tout cela, voici une enveloppe de cinq millions, je dis bien cinq millions de F. CFA pour saluer ta beauté. (Applaudissements). J'ai fini. (Applaudissements).

Dans le brouhaha au-dehors, des badauds réclamaient leur part. Le silence revenu, N'Dèye Ramata Ly demanda à la griote Penda de parler en son nom :

– Kanouté, dis à ton étranger ivoirien qu'il est chez lui ici. Il est depuis la semaine dernière considéré comme un fils de la famille. Dis-lui que notre Rama nationale (applaudissements) et toute sa famille n'ont pas de mots assez forts pour le remercier de tout ce qu'il vient de faire pour elles. La famille regrette aujourd'hui l'absence de son regretté chef de famille dont le Tout-puissant a pris l'âme il y a deux ans. Que le nom du Tout-puissant soit loué ! Il avait demandé l'amitié de N'Dèye Rama et il attendait sa réponse pour ce soir. N'Dèye Rama est une noble. Elle ne parle pas à la légère. Elle réfléchit longuement avant de se dévoiler. Elle sera pour lui une sœur. Et lui, sera pour elle ,un grand frère. La famille Ly a deux filles et quatre garçons. Justin Gnala sera considéré désormais, dit-elle, comme l'aîné de la famille. Au Sénégal, dis-le lui avec insistance, être l'aîné de la famille est une charge écrasante. Qu'il se prépare à prendre un camion sur sa poitrine. Qu'il sache aussi que Rama a une griote (applaudissements). En venant d'Abidjan, il m'a oubliée. Qu'il répare rapidement sa faute (rires et applaudissements). J'ai fini pour le moment.

Le griot Kanouté, qui jouait de la cora en sourdine, intervint à nouveau :

– Penda, mon étranger n'est pas n'importe qui. Il est le Président d'une banque. Tu n'avais pas encore achevé ta phrase qu'il avait sorti une enveloppe pour toi. Ouvre-la et compte. Tu trouveras cent mille francs en billets tout neufs (applaudissements). Il me dit de transmettre ce message à N'Dèye Ramata Ly : il est très heureux de savoir que N'Dèye Ramata Ly accepte son amitié et en plus, le désigne comme le chef de la famille Ly. Il dit qu'il a connu beaucoup de beaux jours dans sa vie, mais aujourd'hui est le plus beau de sa vie. Il me prie de t'informer, toi ma sœur Penda, que sa poitrine est très large et assez solide pour supporter trois camions Mercedes (applaudissements). Mon étranger demande à se retirer dans son hôtel. Il a eu hier un voyage mouvementé. Il est très fatigué. Mais avant de se retirer il demande une faveur à N'Dèye Ramata Ly. Devant repartir mardi matin à l'aube pour Abidjan, il souhaiterait dîner avec Rama lundi soir au Lagon I.

C'est N'Dèye Ramata Ly qui répondit :

– Monsieur Gnala, il n'y a pas de problème.

– N'oublie pas que je suis désormais ton frère. Je ne suis plus monsieur Gnala pour toi, mais Justin.

– Merci Justin.

Cette fois-ci, elle l'accompagna jusqu'à la Mercedes bleue stationnée sur le terrain de basket. Une grande foule les suivit. Gnala remit une enveloppe à un vieux afin d'en faire le partage.

Tous entourèrent le vieux au moment où Rama tendit sa joue à Justin pour un baiser.

Sur le chemin du Lagon, Justin était visiblement heureux. Il ne cessait de taquiner Badara Dieng. La plus belle femme d'Afrique, disait-il, était en train d'entrer dans sa vie, et lui s'approchait de la porte du paradis. Ils prirent rendez-vous pour lundi matin à neuf heures afin de se rendre au lac Rose, un lieu privilégié du tourisme au Sénégal.

Le lundi matin, ils arrivèrent au lac Rose à onze heures. Après Rufisque, qui se trouvait à une vingtaine de kilomètres du lac Rose, la route était mauvaise. Il reconnut rapidement de loin le lac Rose à cause des grands arbres qu'il avait déjà vus sur les cartes postales. Le lac était effectivement rose, ceci était dû à l'énorme densité de sel. Il s'entretint avec plusieurs vendeurs de sel et chercha à savoir comment ils opéraient dans le lac pour obtenir ce sel blanc. Il s'étonna du prix très bas des petits sacs de sel. Du lac Rose, ils se rendirent chez les vendeurs d'objets d'artisanat installés dans les environs immédiats du lac. Il acheta quelques souvenirs qu'il offrirait à ses parents, à son adjoint et à sa secrétaire. Plusieurs restaurants se trouvaient à quelques pas. Ils s'installèrent dans l'un d'eux où ne tarda pas à arriver près d'une centaine d'épouses de militaires français à Dakar, venue visiter le lac Rose.

Badara Dieng et Justin Gnala discutèrent un peu de la politique du Sénégal et surtout de Fatou Niang, son hôtesse du colloque que Badara avait revue jeudi dernier. Elle ne voulait plus entendre parler de Gnala. Cela fit rire le nouveau frère de N'Dèye Ramata Ly. Le retour à Dakar se fit dans une atmosphère très détendue.

8

La nuit, la Mercedes bleue conduite par Badara Dieng se rangea devant le Lagon I. N'Dèye Ramata Ly vit sa portière ouverte par Justin Gnala qui lui remit une gerbe de fleurs. Elle lui donna un baiser sur la joue. Elle lui présenta son jeune frère qui l'accompagnait et qui l'attendrait dans la voiture. Le banquier remit de l'argent à Badara afin qu'il puisse se rendre dans un restaurant avec le frère de N'Dèye Ramata Ly pour dîner.

Une table, qui donnait sur la mer, avait déjà été réservée pour Justin. Quand ils s'installèrent, avant même qu'on leur propose la carte, Justin ne résista pas à son envie de féliciter la Jongoma.

– N'Dèye Ramata, tu es si belle ! Je n'imaginais pas rencontrer un jour une femme aussi belle.

– A Abidjan, on peut croiser plus de mille femmes plus belles que moi.

– Pour moi tu es la plus belle que j'aie jamais vu. Je ne pouvais pas imaginer que tu sois aussi splendide en tailleur.

– J'aime bien m'habiller en robe, en jean, en tailleur. Je les préfère au boubou. C'est vrai que le boubou fait bien habillé et grande dame. Mais je me sens plus à l'aise en tenue occidentale.

– J'aime aussi tes longues tresses .

– Finalement tu aimes tout en moi.

– Je suis même prêt à faire ce que tes rêves n'ont jamais imaginé.

– On ne parle pas ainsi à sa petite sœur !

Ils firent leur choix sur une carte bien garnie. N'Dèye Ramata Ly fut l'objet du regard admiratif de tous les clients du restaurant et du personnel.

– De quelle région de la Côte d'Ivoire es-tu originaire ?

– De l'ouest. De Toulepleu, à proximité du Libéria.

– Je suis très sensible à ton accueil et surtout à tout l'intérêt que tu me portes depuis mon sacre. Je ne sais comment te remercier de tout ce que tu as fait pour ma famille et moi-même. J'espère que je serai une véritable sœur pour toi et que tu seras un grand frère pour moi, j'en ai besoin. Es-tu marié ?

– Je ne porte pas d'alliance pour le moment. Je vis toujours seul dans ma grande maison à Abidjan. Je crois que je ne vais plus tarder à me marier.

– Je serai la marraine de ce mariage.

– Tu me fais rire ! Au fait, parle-moi de tes études. Tu t'exprimes si bien en français, que j'ai des doutes sur les propos de celles qui te croient analphabète.

– C'est ainsi au Sénégal. Une belle femme est toujours analphabète. Déjà quand j'avais été classée première de la région du Cap-Vert, j'ai entendu mille rumeurs fantaisistes sur mon compte. Ainsi va le Sénégal ! Les gens se complaisent dans les mensonges pour mieux combattre leur anxiété, leur angoisse, leur misère. Bref, j'ai passé le BTS à deux reprises il y a cinq ans. Faute de moyens, j'ai arrêté. Depuis cinq ans je cherche un emploi. J'ai été contrainte à faire de petits commerces de bijoux et de chaussures pour aider ma famille.

– Je suis perdu ! Comment une aussi belle femme que toi peut-elle chercher un emploi ? Ce sont les employeurs qui devraient courir derrière toi. Rien que ta beauté doit attirer la clientèle.

– Tu sais, mon frère Justin, les hommes veulent toujours vous conduire d'abord dans un lit de passage, avant de vous aider à trouver un emploi. Moi je tiens à ma dignité ! Je ne vais pas me prostituer pour un emploi.

Ils avaient déjà fini de manger leur entrée. De la salade composée, pour la Jongoma et de l'avocat aux crevettes, pour Justin. Tous deux prirent le même plat de résistance : du poisson, le thiof avec des haricots. Au moment du dessert, constitué de fruits, Justin Gnala osa enfin déclarer son amour.

– Depuis que je t'ai vue sur la scène du Méridien Président, je suis obsédé par ton image. Je pense et je crois que j'ai trouvé ma moitié. Je ne souhaite qu'une seule chose, t'épouser.

– Un frère n'épouse pas sa petite sœur.

– Soyons sérieux. Je suis prêt à m'agenouiller à tes pieds pour te convaincre de mon amour.

– Tu n'as pas besoin de le faire. Tous tes gestes montrent que tu es très épris de moi. Mais tu arrives tard. Je suis déjà fiancée depuis quatre mois à un pilote d'Air-Afrique. C'est un cousin et nous étions destinés l'un à l'autre depuis notre enfance.

– La terre va s'écrouler sous mes pieds. N'y a-t-il rien à faire pour annuler ces fiançailles ?

– Non. J'aime mon cousin. Je l'adore. J'aimerais te le présenter lors de son prochain passage à Dakar. Il est d'ailleurs basé à Abidjan.

– Je ne sais plus que dire.

– Tu voulais mon amitié et je te l'ai donnée de bon cœur et je suis surprise que tu veuilles maintenant mon amour et t'unir à moi. Ne trouves-tu pas que tu exagères ?

– Non. Je t'aime énormément. Et tu seras mon épouse, j'en suis persuadé. Je sais que Dieu t'a destinée à être ma femme.

– Tu n'es plus loin de l'inceste.

– N'Dèye Ramata Ly, tu seras mon épouse !

– Pour le moment au Sénégal une femme n'épouse qu'un seul homme et non deux.

– Je te demande une faveur.

– Laquelle ?

– Que tu me permettes de t'appeler tous les jours afin d'entendre ta voix, et si possible de te voir chaque jour ou plusieurs fois dans la semaine.

– Tu es à Abidjan et je suis à Dakar. C'est vrai que je serai bientôt chez mon mari à Abidjan.

– Je vais te faire une révélation. Je vais créer une nouvelle société bancaire au Sénégal, à cause de toi je vais m'établir à Dakar.

– Tu plaisantes !

– Je suis très sérieux. Tu peux te renseigner auprès de mon ami Abdoul Aziz Thiam, le Directeur des investissements privés au Sénégal. Il m'a donné toutes les informations. D'ici trois semaines toute la paperasse sera au point. Il m'a déjà trouvé un local. Dans un mois, nous commençons le recrutement.

– Tu plaisantes.

– Tu ne sais vraiment pas jusqu'à quel point l'amour peut transformer un homme. Je ne vois plus ma vie ailleurs qu'à Dakar auprès de toi.

– Si ton projet se réalise j'espère que je serai ta secrétaire.

– Tu ne seras jamais ma secrétaire. Tu seras tout simplement mon épouse. Ma femme ne doit pas être salariée. Je lui donnerai tous les moyens d'exercer un travail libéral.

– N'oublie pas d'embaucher un de mes frères.

– Tu auras le droit de me proposer deux personnes. Nous commencerons avec onze employés. Avec moi, nous serons douze au total.

– Et ta banque d'Abidjan ?

– J'aurai toujours mes actions dans cette banque. Je vais dans une semaine organiser une réunion du Conseil d'administration qui va désigner un nouveau Président. D'ailleurs, la plupart des actionnaires de ma banque en Côte d'Ivoire auront aussi des actions dans cette nouvelle banque.

– C'est moi qui ne sais plus que dire.

– On peut continuer la discussion dans ma chambre.

– Tout sauf cela. Une femme fiancée n'entre pas dans la chambre d'un célibataire. On a déjà beaucoup parlé. Ma journée a été très chargée. Je suis épuisée et j'ai sommeil. Je te souhaite un très bon retour à Abidjan.

– Dès que je serai définitivement installé à Dakar je te ferai signe.

– Justin, tu aimes plaisanter. Pour rien au monde tu ne quitteras Abidjan pour t'installer à Dakar. Merci pour cette merveilleuse soirée.

En attendant que Badara Dieng ne revienne de Sicop Liberté 6, Justin monta dans sa suite du Lagon II pour se changer. Il mit un tricot Lacoste vert et des chaussures Sebago. Dès le retour du chauffeur, ils repartirent à Grand-Dakar dans une “dibiterie.” Ce sont de petits restaurants où l'on vend de la viande de mouton braisée. Ils se décidèrent pour l'un des plus modernes. Justin Gnala choisit une certaine quantité de viande et la donna à braiser. En attendant leur plat, Badara et Justin prirent chacun une Flag. Ce dernier voulait savoir ce que la Jongoma avait pensé de sa soirée et surtout de leur entretien.

– Elle a été enchantée par cette réception et est confuse de ne pouvoir vous faire plaisir en vous invitant dans un endroit aussi luxueux. Elle m'a demandé si c'était vrai que tu voulais t'installer à Dakar. J'ai répondu oui. Mais elle ne le croit pas.

– Elle ne t'a pas parlé de mon désir de l'épouser ?

– Si. Quand son petit frère est descendu de la voiture, elle m'a dit : « Ton Ivoirien exagère. Il veut m'épouser. Il sait bien que c'est impossible. Qu'il me considère comme sa petite sœur ! »

– Que lui as-tu répondu ?

– Que rien n'est impossible à Dieu.

Ils discutèrent longtemps sur la destinée de l'homme. Dieu est-il le maître de notre vie ou laisse-t-il l'homme libre de son sort ? Badara Dieng était persuadé qu'en venant au monde l'avenir de l'homme était déjà prévu. Il ne peut rien changer de son parcours terrestre. Justin Gnala s'étonna alors de ce que Dieu puisse créer un homme et le vouer à être voleur. Il trouvait tout cela trop compliqué, personne n'ayant encore rencontré Dieu pour lui poser des questions. Il savait d'instinct que sa femme serait N'Dèye Ramata Ly.

Justin entra dans sa suite du Lagon II à deux heures du matin. Il alluma la télévision pour regarder les émissions de TV5 ou d'Euro News. Aucun programme ne l'intéressait. Il se mit sur le balcon pour regarder la mer et entendre le bruit des vagues. Cette eau demeurait pour lui à la fois un objet de fascination et de mystère. Ce n'est qu'à quatre heures du matin qu'il réussit à s'endormir après avoir lu quelques pages de “Rebelle” de Fatou Keïta. Il n'avait jamais pu prendre position sur le problème de l'excision.

Tôt le matin, Justin était déjà à l'aéroport de Dakar-Yoff. Cette fois-ci, les formalités ne durèrent pas longtemps. Il y avait très peu de voyageurs. Jusqu'au départ de l'avion il avait secrètement désiré voir N'Dèye Ramata Ly venir le saluer et lui souhaiter bon retour à Abidjan. Quand le DC 10 de la compagnie Air Afrique prit de la hauteur, il regarda la ville de Dakar et murmura : “Bientôt, très bientôt, je serai un résident de cette ville.”

9

N'Dèye Ramata Ly resta figée devant l'écran du téléviseur. Elle croyait difficilement ce qu'elle venait de voir au journal du soir sur l'ORTS. Le premier ministre du Sénégal inaugurait le siège d'une nouvelle banque. La Banque Africaine pour la promotion des petites et moyennes entreprises. Monsieur Justin Gnala, le P.D.G prononçait un discours. Cela faisait trois mois qu'il avait quitté N'Dèye Ramata Ly. Depuis son départ, tous les samedis, un fleuriste venait lui livrer des fleurs au nom de son amoureux. Son étonnement était doublé de colère. Elle ne pouvait pas admettre que Justin ne l'associe pas à l'inauguration de sa banque. Sur les images de l'ORTS, la Jongoma vit des employés qui pour la circonstance portaient un uniforme. Et pourtant le banquier lui avait promis deux places. Cette nuit-là, elle ne dormit pas. Elle était indignée par le comportement de Gnala.

Le matin, le téléphone sonna. C'était Gnala qui appelait. Elle ne voulait pas lui parler. Sa mère l'obligea à prendre le combiné. Il lui donna rendez-vous le lendemain à neuf heures.

Son petit frère, Aboubacar ne pouvait se contenir et était impatient de profiter de cette rencontre.

– Rama, je te supplie de le convaincre de me prendre dans sa banque. Depuis quatre ans que j'ai obtenu une maîtrise en économie, aucune porte ne s'ouvre à moi.

– Je pense qu'il a déjà terminé son recrutement.

– Il t'aime trop pour te refuser un service.

– Aboubacar, tu veux donc que je me vende, rien que pour te trouver un emploi ?

– N'exagère pas Rama, tu sais bien que je n'ai pas dit cela.

La journée parut excessivement longue à Rama. La nuit, elle prit un somnifère.

La Banque Africaine pour la Promotion des petites et moyennes entreprises se trouvait dans un immeuble de la rue de Tharr, non loin du marché Kermel. Elle y arriva en taxi. Elle portait un grand boubou vert brodé offert par la boutique Shalimar. Elle s'étonna de voir Badara

Dieng devant la porte de l'immeuble. Il lui apprit qu'il travaillait désormais à la BAPPME. Il était le chauffeur du P.D.G et le responsable du parc automobile de l'entreprise. Ils montèrent au deuxième étage. Badara l'introduisit dans le secrétariat puis se retira.

– Madame Ly, patientez une minute, le Président est en communication avec Genève. Il vous recevra dès qu'il aura terminé. Je vous installe dans la salle d'attente.

La secrétaire particulière de Gnala était une Blanche. Dès qu'elle la vit N'Dèye Ramata Ly n'aima pas sa tête et devint jalouse. Quelques minutes plus tard, elle vint la chercher.

– Madame Ly, je vous en prie, le Président vous attend.

Monsieur Justin Gnala travaillait dans un grand bureau. Les sièges et les fauteuils étaient en cuir. Des tableaux d'artistes sénégalais décoraient les murs. Le Président vint vers la Jongoma pour lui donner un baiser. Elle refusa.

– Je sais que tu es fâchée contre moi, prends place dans le fauteuil ici. On va parler. Martine, Martine... Ne me passe pas de coups de fil. Rama, comment va ta mère ?

– Elle n'est pas contente de toi, comme toute la famille.

– Tu sais les choses n'ont pas été aussi faciles que je le croyais, mais je pensais à toi chaque jour.

– Pourquoi ne m'as-tu pas invitée à l'inauguration de la Banque ?

– C'est tout simple. Tu ne croyais pas à mon installation à Dakar rien qu'à cause de toi. Tu croyais que je plaisantais. Je voulais m'installer puis t'appeler ensuite.

– Tu m'avais promis deux places, n'est-ce pas ?

– Elles attendent. Que les deux postulants viennent au plus tard après-demain rencontrer le chef du personnel. J'ai besoin d'une secrétaire de direction et d'un responsable de relations publiques.

– Mon frère a une maîtrise en économie, pourra-t-il occuper cette fonction ?

– Bien sûr, il n'aura qu'à prendre contact avec les chefs d'entreprise. L'essentiel est qu'il s'habille très bien. La banque lui accordera un crédit pour sa tenue. Quelqu'un viendra la semaine prochaine d'Abidjan pour l'initier à sa nouvelle tâche.

– Je désire être ta secrétaire.

– Pas question. Tu ne seras jamais ma secrétaire. La banque tomberait en faillite. Je ne pourrai pas travailler car je passerai tout mon temps à te regarder.

Elle se mit à rire aux éclats. Justin Gnala appela un de ses collaborateurs. Monsieur Kassé, responsable des ouvertures de compte, se présenta à son Président, tenant un stylo et un bloc.

– Que puis-je faire pour vous, monsieur le Président ?

– Repartez avec cette dame dans votre bureau. Vous lui ouvrirez un compte PME de cinq millions de F. CFA. Je vous donne déjà ce chèque à débiter pour ce compte. Tous les mois, un virement de cinq cent mille francs sera opéré en attendant qu'elle nous dise quel genre d'activité elle souhaiterait exercer afin qu'on lui débloque un crédit à partir de l'étude de son dossier.

– Très bien monsieur le Président. Suivez-moi madame... N'est-ce pas vous la Jongoma de cette année ?

– C'est exact Monsieur Ibrahim Kassé. C'est bel et bien N'Dèye Ramata Ly qui nous fait le plaisir d'honorer notre banque de sa visite. Je pense que vous trouverez un photographe pour immortaliser ce moment historique. Nous utiliserons son image pour la publicité de notre société. Et je pense que nous ne lui donnerons pas assez pour sa représentation.

La Jongoma remonta une heure après au bureau du P.D.G. Elle était très émue.

– Justin, je ne sais comment te remercier.

– Est-ce que tu as vraiment besoin de me remercier ? Tu peux me donner un baiser maintenant.

– Pourquoi pas ?

Justin Gnala la prit dans ses bras pour l'étreindre. Elle se laissa faire.

– Où habites-tu à Dakar ?

– Tu veux connaître mon adresse ?

– Oui. Je veux t'apporter à manger demain soir.

– Je suis à la Résidence de Fann, rue Léon Gontran Damas.

– Je vais devoir prendre congé de toi et honorer un rendez-vous avec une association de jeunes handicapés.

– Je t'accompagne à la sortie de l'immeuble.

– Je suis légèrement en retard. Badara pourrait-il m'accompagner sur le lieu de mon rendez-vous ?

– Bien entendu.

A la sortie, Badara attendait avec un homme d'un certain âge devant une voiture BMW de couleur or.

– Madame Ly, fit Justin, voici ta nouvelle voiture et ton chauffeur Gaoussou Dramé. Il te conduira jusqu'à ce que tu possèdes ton permis.

– Justin, tu exagères ! Je ne prends pas cette voiture. Tu ne vas pas te ruiner pour mes beaux yeux !

– Je t'en prie. Ce n'est pas une voiture neuve. Ce sont les véhicules qui arrivent de Bruxelles. J'ai même honte de te donner le prix, tant il est bas. Et puis ton image fera la publicité de notre banque.

– Je ne veux pas de cette voiture, de ce don.

– Tu la mérites, tu vas travailler pour l'image de notre banque.

Badara Dieng et Gaoussou Dramé discutèrent plus de quinze minutes avec elle en ouolof avant qu'elle accepte ce cadeau. Elle s'étonna, en chemin, d'apprendre par Dramé que la voiture avait dix ans. “Ces Blancs savent entretenir les voitures.”

Comme prévu Rama apporta un repas copieux à Justin. Ils mangèrent ce couscous avec la sauce arachide au mouton, après la salade au poulet et des nems. Ils terminèrent par des fruits. Seulement après le repas, Justin fit visiter la maison à Rama. Cette grande villa comptait huit pièces. Rama se croyait chez un chef d'État. Tout était luxueux. Elle apprécia beaucoup la piscine et le jardin. Après la visite, ils s'installèrent dans les fauteuils en rotin de qualité sur la terrasse qui donnait sur la piscine. Seck, le cuisinier, leur servit du thé.

– Frère, mon grand frère Justin, tu ne peux pas rester dans une si grande maison tout seul. Il te faut rapidement une femme.

– Cette maison n'attend que toi.

– Pour la dernière fois enlève-toi cette idée de la tête. Je ne serai jamais ton épouse. Tu es mon frère. C'est à moi de te trouver une femme. Je vais te donner une femme sénégalaise.

– Je ne veux pas. Je refuse.

– Tu vas accepter de force.

– Et pourquoi ?

– Si tu m'aimes réellement, tu ne peux pas refuser la femme que je te donne.

– Justement c'est parce que je t'aime que je refuse.

– Si tu m'aimes réellement, tu dois accepter la femme que je vais te proposer.

– Moi, je veux te voir, t'entendre, t'appeler plusieurs fois par jour.

– Tu auras cette possibilité.

– Cette femme n'acceptera pas.

– Si, n'est-ce pas moi qui ferai le choix ? Je t'en supplie. Ne reste pas seul dans cette grande maison. Ma conscience me gronderait chaque jour. Accepte dans un premier temps qu'elle vienne s'installer chez toi. Tu apprendras à la connaître et à l'apprécier. Et ensuite, on préparera le mariage. Fais-moi le plaisir de la rencontrer.

– Tu as donc quelqu'un en tête ?

– Oui, sans te mentir. C'est ma meilleure amie. Je lui dirai que tu nous invites à déjeuner dimanche midi et au dessert je vous quitterai.

– Et puis on fera la sieste ensemble.

– Tu as tout compris.

– Tu n'es pas sérieuse Rama.

– Je veux ton bonheur.

– Mon bonheur passe par toi.

– Oublie-moi.

Geneviève Koly enseignait l'histoire et la géographie dans un collège de Dakar. Très belle, elle avait un teint noir naturel et brillant. Elle arriva en compagnie de son amie dans une robe Christian Dior. Elle portait autour du cou et aux poignets, des chaînes et des bijoux en or. Elle avait une diction parfaite. Elle souriait à tout moment. Le même sourire que Fatou Niang. De plus, elle savait rouler les yeux. C'était la Sénégalaise à l'état pur. Elle s'intéressait beaucoup plus dans ses conversations, à la politique internationale, la lecture et la musique. Son père avait été pendant de nombreuses années ambassadeur à New York où elle vit le jour. Au moment du dessert, N'Dèye Ramata s'éclipsa. Justin et Geneviève discutèrent longtemps de la musique sénégalaise. Justin était comblé par cette jeune femme de vingt-sept ans. Ils se rendirent dans sa grande chambre pour continuer la discussion et écouter de la musique. Justin Gnala lui fit part de son projet de produire des artistes sénégalais. Ils quittèrent la maison à vingt et une heures, après le journal télévisé que Geneviève ne voulait rater pour rien au monde. C'est chez Loutcha qu'ils dînèrent puis ils revinrent à la Résidence Fann. Geneviève Koly ne donnait pas de cours lundi matin. C'est aux environs de onze heures qu'elle regagna son domicile de Sicap Sacré-Cœur. Comme le lui avait recommandé fermement sa meilleure amie, elle venait chaque soir chez Justin où elle passait la nuit sauf le jeudi soir car ses cours commençaient à sept heures du matin. Justin Gnala était impressionné par les bonnes manières de cette femme très cultivée. C'était l'épouse digne d'un Président de banque.

Justin Gnala continuait cependant d'appeler Rama, deux ou trois fois par jour. Il ne cessait de lui envoyer des cadeaux.

Elle prépara avec monsieur Dieng son projet de demande de crédit. Elle voulait créer une société de taxis en débutant par l'achat de dix véhicules. Deux neufs et les huit autres de seconde main : ces voitures de plus de dix ans au moins qui venaient de Bruxelles et qui avaient envahi le marché de l'automobile sénégalais.

A la veille de la Tabaski, Justin Gnala offrit deux grands béliers à la famille de Rama. Le jour de la fête, dans un grand boubou blanc il vint distribuer de l'argent à toute la famille. Il pensait rencontrer le pilote en ce jour de fête. Elle lui dit qu'il se trouvait à New-York et que la date de leur mariage civil était fixée pour le mois prochain pendant son congé annuel. Elle envisageait de prendre Gnala comme témoin.

Geneviève Koly, catholique, originaire de la Casamance, ne reçut pas de cadeaux de Justin. Ce jour-là, elle portait un grand boubou jaune Shalimar. Quand Justin la vit, à son retour de la Médina, il fut troublé. C'est surtout ce sourire qui le fit fondre. Rien ne manquait à Geneviève pour devenir une épouse merveilleuse.

10

N'Dèye Ramata donna rendez-vous à Justin Gnala, ce mardi soir, à vingt et une heures. Trois mois étaient déjà passés depuis la fête de la Tabaski. Justin trouvait ce rendez-vous assez particulier à cause du lieu. Elle demandait de le rencontrer devant la cathédrale de Dakar. A cette heure-là, ce lieu était très calme. C'était le silence absolu à peine troublé par le passage de quelques voitures. N'Dèye Ramata avait l'occasion de le rencontrer à son domicile ou même de lui demander de venir chez elle, à Liberté 6. Il ne pouvait d'ailleurs passer trois jours sans se rendre dans la famille Ly à Sicaf Liberté 6. Depuis une semaine, il avait commencé à acheter à la librairie Clairafrique des ouvrages ouolof-français. Il voulait coûte que coûte parler le ouolof avant six mois. Il voulait commencer par l'apprécier seul avec les manuels avant de s'attacher des professeurs particuliers. Il savait que des enseignants de l'université, des chercheurs, généralement des Français, enseignaient le ouolof. Il appréciait déjà cette langue si poétique. Depuis qu'il vivait à Dakar il avait été littéralement séduit par le ouolof. Il se demandait s'il pourrait un jour le parler d'une manière aussi captivante que Rama. Même Geneviève Koly, qui était diola de la Casamance le parlait si bien que l'envie le prenait de s'exprimer le plus tôt possible dans cette langue. De plus sa mère l'exhortait chaque jour à apprendre le ouolof : "Tu ne peux pas vivre dans le pays des gens sans parler leur langue. Apprendre le ouolof te donnera beaucoup d'avantages sur tous les plans."

Justin Gnala appelait chaque soir ses parents depuis son installation à Dakar. Il leur envoyait régulièrement des cadeaux du Sénégal, en particulier tout ce qui touchait à l'art pour sa mère, et à la littérature pour son père. Celui-ci découvrait avec plaisir la littérature sénégalaise. Il appréciait particulièrement les œuvres d'Aminata Sow Fall, sutout le tout dernier roman "Douceurs du bercail."

Il arriva devant la cathédrale de Dakar à dix-neuf heures quarante-cinq, à bord de sa Mercedes. Son chauffeur

Badara Dieng lui avait sufisamment montré Dakar pour qu'il puisse se promener tout seul, surtout le soir. Badara Dieng devenait un agent très précieux pour lui. Il ne regrettait pas de l'avoir écouté.

A vingt et une heures dix minutes, il vit une BMW s'approcher de la cathédrale. Depuis trois semaines, Rama, qui avait son permis depuis deux mois, conduisait elle-même sa voiture. Justin Gnala avait été surpris de ses progrès en conduite. Chaque semaine, il lui envoyait un carnet de bons d'essence. Chaque fois qu'il la voyait au volant de la voiture, il se sentait fier. Sa beauté devenait de plus en plus éclatante. Il ne renonçait pas à son idée d'épouser cette femme. Il était de plus en plus persuadé qu'elle était faite pour lui et qu'elle serait tôt ou tard son épouse. Chaque nuit avant de dormir, il enregistrait dans son subconscient le message suivant : “Que N'Dèye Ramata Ly devienne mon épouse. Quc ses fiançailles avec le pilote d'avion se brisent et que le mariage ne se fasse jamais. Qu'elle se tourne vers moi. Que je devienne son époux et que Rama soit appelée madame Gnala.” Il savait que toute chose enregistrée par le subconscient et considérée comme vraie devenait réalité. Il attendait avec patience son mariage avec la belle Sénégalaise. Dans son bureau, dans sa maison, dans sa voiture, on ne trouvait que des photos de la Jongoma de tous les formats. Rama était sa déesse, celle pour laquelle il priait, qu'il adorait et qui était sa raison de vivre.

Il s'approcha de la voiture et lui ouvrit la portière, mais Rama était de mauvaise humeur. Elle marcha sur le trottoir. Il la suivit. Elle ne souriait point. Il en ignorait la raison.

– Je suis très mécontente de toi. Tu m'as fait honte. Ce matin, je n'ai fait que pleurer.

– Petite sœur, que puis-je faire de si mal pour que la honte te frappe. Si j'ai mal fait, excuse-moi d'avance avant que je ne connaisse les raisons de ta colère contre moi.

– Vraiment je suis en colère contre toi.

– On peut aller dans un café pour discuter.

– Moi, dans un café ! Tu veux me déshonorer en plus.

– Excuse-moi, dans un restaurant alors ?

– Ecoute-moi Justin, je suis assez

grande pour savoir ce que je veux. C'est moi qui t'ai donné rendez-vous ici. Si je l'avais voulu je t'aurais donné rendez-vous à Liberté 6 ou à la Résidence Fann.

– Excuse-moi.

– Pourquoi as-tu été aussi atroce envers mon amie ?

– Quelle amie ?

– Gnala tu veux me provoquer ? A combien d'amies t'ai-je présenté ?

– Tu veux parler de mademoiselle Koly ?

– Tu le sais bien. Pourquoi ce comportement avec elle ?

– Je me suis bien comporté avec elle. Nous discutions de tout et de rien.

Alors, elle éclata en sanglots. Justin tenta de la calmer. Elle se retira violemment. Il préféra la laisser pleurer un moment avant de la relancer. Elle portait un jean noir et un tricot vert. Ses cheveux étaient relevés en chignon. Il la regardait pleurer, et il aurait tout donné pour l'avoir comme épouse. Elle se calma et regarda Justin dans les yeux. Elle le prit par les épaules.

– Justin, ne te dérobe pas. Dis-moi la vérité. Es-tu homosexuel ?

– C'est Geneviève qui t'a dit cela ? questionna-t-il en se retirant.

–Pourquoi refuses-tu de répondre ?

Es-tu homosexuel ou non ? J'ai tenu à te rencontrer devant votre église. Devant Dieu tu ne peux pas mentir.

– Pourquoi me poses-tu une telle question ?

– On ne répond pas à une question par une autre. Je regrette. Tu sais bien pourquoi je te pose cette question.

– Reprends ta question.

– Justin es-tu pédéraste ou non ?

–Je ne suis pas homosexuel.

– Alors pourquoi passes-tu des nuits dans le même lit que Geneviève Koly sans la toucher ? Depuis trois mois, depuis votre première rencontre, tu n'as jamais voulu avoir de rapports sexuels avec elle.

– C'est vrai. Et je n'aurai jamais de relations sexuelles avec elle. Je n'en aurai qu'avec une seule femme tant que je vivrai et cette femme c'est toi. J'attendrai le temps qu'il faudra.

– Au fait que veux-tu ?

– T'épouser.

– Tu sais que je suis fiancée.

– Eh oui ! Mais je suis patient. J'attendrai le jour où tu seras libre et où tu accepteras de devenir mon épouse.

– Gnala, épouse mon amie. Si tu le faisais je serais heureuse.

– Jamais !

– Allons chez toi, je vais me donner à toi le nombre de fois que tu veux et tu seras ainsi satisfait. Prends déjà mes lèvres et caresse mes seins.

– Rama j'ai beaucoup trop de respect pour toi sans quoi je t'aurais giflée. Penses-tu que c'est ton corps qui m'intéresse ? Le corps n'a aucune importance. On peut toujours se masturber pour assouvir le désir qu'on éprouve pour une femme. Moi je ne te désire pas seulement, je t'aime. Pour moi, les relations sexuelles ne viennent que compléter un amour sincère. Ton amie est gentille, sympathique, dévouée, belle, très belle même, cultivée et attentive. Malheureusement je ne l'aime pas. Pour moi, c'est un crime de coucher avec une femme qu'on n'aime pas. C'est la considérer comme une prostituée. J'ai trop d'estime pour Geneviève pour la mettre au rang d'une prostituée. J'avoue qu'elle aurait été une bonne épouse pour moi, peut-être mieux que toi. Malheureusement, je ne l'aime pas. De plus, je ne peux pas faire semblant.

– As-tu déjà mangé, Justin ?

– Je prends mon dîner chaque soir à vingt et une heures. Mais à cette heure-là, j'étais déjà arrivé devant la cathédrale.

–Moi, j'ai faim maintenant. Allons-nous chez toi ?

– De mon cellulaire je vais demander au cuisinier de mettre un autre service de table.

Quand ils arrivèrent au domicile de Justin Gnala à Résidence Fann, tout était prêt pour le dîner. Ils mangèrent de la salade avec un poulet braisé. Gnala avait prévu de l'attiéké avec un poisson braisé accompagné de tomates, oignons et piments.

– Vous mangez vraiment bien en Côte d'Ivoire.

– Le mois prochain je vais repartir pour quelques jours à Abidjan et revenir avec une servante qui sait préparer les mets ivoiriens.

– Ce serait délicieux. Elle va m'apprendre à faire le foutou. En attendant, installons-nous devant la piscine. J'ai quelque chose d'important à te dire.

– Tu vas encore me gronder ?

Quand ils s'installèrent Rama sortit son coupe-ongles et commença à tailler les ongles de Justin qui retrouva sa sérénité.

– J'avais peur que tu me fasses des reproches. C'est vrai que mes ongles ont poussé. Je te remercie Rama.

– Ce n'est pas pour tes ongles que je t'ai fait venir ici.

– Ah bon !

– J'ai le regret de t'apprendre que je ne suis pas encore fiancée. Je suis toujours célibataire. L'histoire de mon cousin pilote est une invention. Je suis une femme libre.

– Rama, dis-moi que ce n'est pas un rêve. Pourquoi tout ce cinéma ?

– Je n'étais pas convaincue de ton amour. Je pensais à un homme riche qui voulait se payer une Jongoma et porter cela à son tableau de chasse.

– Je ne rêve pas ?

– Non, tu ne rêves pas.

– Alors pourquoi mettre Geneviève dans mes bras ?

– C'était une stratégie. Je ne croyais pas à ton amour. Mon amie et moi avions décidé de te tester. Tu as prouvé que tu m'aimais réellement. Tu sais, je suis musulmane et toi, tu es chrétien. Mes parents vont exiger que tu deviennes musulman avant de m'épouser. Je ne voulais pas te faire de la peine. Et c'est pourquoi je voulais que tu épouses une fille de ta religion.

– Je suis né chrétien mais je n'ai jamais pratiqué malgré ma mère, une vraie dévote.

– Maintenant que veux-tu ?

– Ce que j'ai toujours voulu dès le premier jour : t'épouser.

– Accepterais-tu de devenir musulman ?

– Considère-moi dès cet instant comme un musulman. Dès demain je verrai Badara Dieng pour qu'il voie comment je dois procéder pour ma conversion à l'islam. Et ce samedi, ta main sera demandée selon la coutume ouolof.

– Justin... murmura-t-elle la tête baissée.

– Rama, je t'aime.

– Justin, je t'ai toujours aimé.

Ils se levèrent et s'embrassèrent longuement avant qu'elle ne regagne son domicile à Sicap Liberté 6. Justin Gnala, fou de bonheur et de joie, n'arriva pas à trouver le sommeil. Mille projets défilaient dans sa tête. A deux heures du matin, il sortit de sa chambre pour se rendre devant la piscine. Il s'assit sur le siège qu'avait occupé sa future épouse Ramata Ly. Il répétait ses phrases. On l'aurait pris pour un fou, mais un fou d'amour.

Les choses allèrent très vite. Justin devint musulman et prit le prénom de Cheick Aliou. La semaine suivante le mariage religieux fut célébré à la grande mosquée de Dakar. Pour le cadeau de mariage, Justin Gnala, plutôt Cheick Aliou, offrit une grande villa à son épouse au quartier Derklé. La famille de Rama obtint mille et une choses. Le mariage civil fut remis à un mois plus tard, le temps de faire venir les parents et quelques membres de la famille de Gnala. Tout ce monde arriva un vendredi soir.

Le mariage civil fut célébré un samedi matin, à la mairie de Dakar, devant une foule d'invités. Gnala avait pour témoin Abdoul Aziz Thiam. Rama avait pour témoin sa meilleure amie, la ravissante Geneviève Koly.

Au cours de la réception donnée dans les jardins du Novotel, la mère de Gnala prit son fils à part.

– Où as-tu trouvé une si belle femme ?

– Ici, à Dakar.

– Justin, elle est trop belle. N'as-tu pas peur ?

– Peur de quoi, maman ?

– Est-ce qu'elle pourra te faire un enfant ?

– Je crois qu'elle a déjà commencé.

– Tu me rassures mais elle est trop belle. Méfie-toi.

Un grand dîner mit fin à cette journée importante dans la vaste demeure du marié. Cette même nuit, les mariés partirent pour leur voyage de noces à Casablanca. Dans l'avion d'Air Maroc, la mariée embrassa son époux.

– Justin, je t'aime.

– Je ne suis plus Justin.

– Cheick Aliou, quel cadeau puis-je t'offrir ?

– Ton amour.

– Tu l'as déjà.

– Un enfant.

– Un enfant ? Non. Je t'en fais deux à la fois.

Ils éclatèrent de rire l'un dans les bras de l'autre devant l'air amusé de l'hôtesse et des passagers de la première classe.

Achevé d'imprimer 2ème trimestre 1999
par 3i - 01 BP 4124 Abidjan 01

Dépôt légal n° 4422